本书是2024年度四川省教育科学规划项目重点支持课题"指□
医协同育人研究"（课题编号：SCJG24B078）、2024年绵阳市教□
题"基于学生健康成长的家校社医协同育人实践探索"、四川省□
学改革实验区的研究成果。

黄金六年

家长和孩子一起走过 上

主编 何俊 涂久尚 赖小静 王光

副主编 张丹 胥小芸 邹玲 范春艳 谢宝英

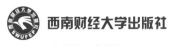

西南财经大学出版社

中国·成都

图书在版编目(CIP)数据

黄金六年:家长和孩子一起走过:上、下/何俊
等主编;张丹等副主编.--成都:西南财经大学
出版社,2025.5.--ISBN 978-7-5504-6706-4

Ⅰ.G782

中国国家版本馆 CIP 数据核字第 2025VH3940 号

黄金六年:家长和孩子一起走过(上、下)

HUANGJIN LIUNIAN:JIAZHANG HE HAIZI YIQI ZOUGUO(SHANG、XIA)

主编　何俊　涂久尚　赖小静　王光

副主编　张丹　胥小芸　邹玲　范春艳　谢宝英

策划编辑:何春梅　李思嘉
责任编辑:李思嘉
责任校对:邓嘉玲
封面设计:冯丹
责任印制:朱曼丽

出版发行	西南财经大学出版社(四川省成都市光华村街55号)
网　　址	http://cbs.swufe.edu.cn
电子邮件	bookcj@swufe.edu.cn
邮政编码	610074
电　　话	028-87353785
照　　排	四川胜翔数码印务设计有限公司
印　　刷	四川五洲彩印有限责任公司
成品尺寸	170 mm×240 mm
印　　张	26
字　　数	427 千字
版　　次	2025 年 5 月第 1 版
印　　次	2025 年 5 月第 1 次印刷
书　　号	ISBN 978-7-5504-6706-4
定　　价	98.00 元(上、下)

本书编委会

主　　编：何　俊　涂久尚　赖小静　王　光

副主编：张　丹　胥小芸　邹　玲　范春艳　谢宝英

编　　委：郭任翔　袁利军　邓任丽　龚　琬　王行表

　　　　　姜雪莹　范　煜　文杨　王　小　陈　咏

　　　　　易虹宇　刘　敏　李秋盈　徐　华　任　静

　　　　　杨秀梅　谢　敏　叶　巧　张晓玲　熊安琼

　　　　　杨　婵　汤小芳　邓　超　陈　慧　刘　娟

　　　　　刘晓蓉　姜　真　罗晓燕　李金花　宋玉梅

　　　　　王昌萍　李　佳　薛忠宝　林　玲　谢小琴

　　　　　蒋洪英　秦桂珍　陈洋吉　刘洪萍　周群英

　　　　　徐　冰　罗尧竞　吴翼君　张　芸　施　剑

　　　　　魏华容　冯晓新

序

　　家庭教育是父母与孩子并肩同行的成长之旅，亦是共同编织的生命叙事篇章。在孩子成长最为关键的六年时光中，家庭教育的品质无疑将对其心智发展、人格构建及终身学习能力产生深远影响。《黄金六年：家长和孩子一起走过（上、下）》是2024年度四川省教育科学规划项目重点支持课题"指向学生健康成长的家校社医协同育人研究"的重要成果。历时三年的研究中，项目组建了主研团队和讲师团队两支专业队伍。主研团队由学校领导、行政部门主管、科研骨干教师、家庭教育高级指导师、医生、营养师等专业人士构成。他们凭借深厚的专业知识与丰富的实践经验，精心搭建起本书的整体框架，严格写稿、审稿，确保书中内容科学、专业且实用。讲师团队则汇聚了家长、社会人士与一线教师、医师，他们扎根生活与教学一线，将理论与实际紧密结合，通过讲座、沙龙、团体辅导活动，让教育理念落地生根。本书巧妙融合了教育学、心理学与社会学的研究成果，旨在为家长提供一套既蕴含科学精神又具有实操性的家庭教育指导丛书。

一、系统架构，双轨并行

本书匠心独运，构建了"双轨并行"的结构框架——上册通识卷与下册年段卷相辅相成，共同绘制了一幅完整且生动的教育生态图谱。

上册通识卷致力于奠定家庭教育的理论基石：从"自我觉醒"的父母成长之旅（第一章），到营造"和谐家庭生态"的智慧实践（第二章）；从学业规划的"兴趣持续激发"（第三章），到健康养育的科学指南（第四章）；从艺体素养的初步启迪（第五章），到劳动智慧的薪火相传（第六章）；从真情体验的研学实践（第七章）到多元成长的假期生活（第八章）。每章均紧扣"亲子共进"的主题，直击现代家庭教育的核心问题。

下册年段卷聚焦于分年级精准施策：一年级至六年级，分别设定了"规则意识–自理能力–学习内驱力–青春期认知–逻辑思维–领导力"的递进式认知培养体系。阅读能力的培养贯穿始终，从低段的"阅读习惯养成、阅读兴趣激发"起步，经由中段的"培养阅读力、学会深度阅读"，直至高段的"整本书阅读，跟着书本去实践"，形成了一条家长陪伴孩子阅读的清晰路径。

二、科学导航，知行合一

本书勇于打破传统教育的框架，坚定地站在"父母应是终身学习者"的立场上。

认知升级：通过"孩子性格解密""做好生涯规划"等章节，助力家长深刻理解孩子的成长节律。

工具赋能：提供"案例分析""实操建议"等家长实操指南，应对家庭沟通与学习共进难题。

三、回归生活，回归常识

分年级靶向指导：针对五年级孩子青春期的认知困惑、六年级小升初的衔接焦虑等关键时期，本书提供了"认知-能力-行为"三位一体的解决方案。

多模态学习场景：从家庭阅读角的温馨氛围营造到社区研学的广阔天地，从传统游戏的乐趣到科技探索的奇妙旅程，本书致力于构建"家庭-学校-社区-医疗机构"（以下简称"家校社医"）的协同育人网络。

教育，从来都不是一场孤独的演奏，而是多方共鸣的和声。教育的本质在于唤醒与引导。《黄金六年：家长和孩子一起走过（上、下）》的每一页，都在传递着一种坚定的信念：家长的自我觉醒，是孩子成长的最初动力；家庭的温暖与包容，是孩子勇敢闯荡世界的坚强后盾。当您翻开这本书时，您不仅是在学习如何成为一位更好的父或母，更是在拓展自己的生命维度——从"做一个好爸爸或妈妈"的朴素愿望，到"悦纳自我"的豁达心境，再到"守护全家健康"的智慧抉择，这是一场关于爱与成长的深刻修行。

愿本书能成为您育儿路上的明灯，照亮您在黄金六年里与孩子携手同行的道路，以科学为帆，以共情为桨，共同驶向那片充满无限可能的未来海洋。

李家成[①]

2025 年 3 月

---

① 李家成：教授，博士生导师。上海终身教育研究院执行副院长，华东师范大学"生命·实践"教育学研究院研究员，教育部人文社会科学重点研究基地、华东师范大学基础教育改革与发展研究所研究员；中国教育发展战略学会家校协同专业委员会副理事长；中国教育学会班主任专业委员会副理事长。

前言

亲爱的家长朋友们：

当您翻开上册通识卷时，是否会思索在孩子成长的漫漫长路中，怎样才能为孩子营造最适宜的成长环境？如何在教育的浪潮里精准把握方向，引领孩子拥有健康并走向成功？这些问题不仅是每位父母关切的，更是整个社会对未来的深切期待。

（一）家庭教育：一场双向奔赴的生命修行

教育的本质是"唤醒"，而非"塑造"。在黄金六年的关键阶段，父母与孩子的关系绝非简单的"施教者"与"受教者"，而是共同成长的伙伴。正如发展心理学家埃里克森所言："儿童的人格发展根植于家庭互动的土壤。"通识卷的核心目标，便是引导家长从"自醒自悟、育人自育"出发，打破传统权威式教育的桎梏，以终身学习的姿态与孩子并肩前行。我们深知，父母的认知高度决定了孩子的成长边界。为此，通识卷首章聚焦"父母的自我觉醒"，探讨如何通过情绪觉察、沟通优化与价值观重构，实现从"本能养育"到"智慧陪伴"的蜕变。通识卷通过"育儿实践案例分享""案例分析"等工具，帮助家长将抽象的理论转化为日常实践，让教育真正融入生活的点滴。

（二）家庭生态：爱与智慧的共生系统

第二章"共建家庭 和谐生态"，从社会学视角解析家庭作为微型社会的运行逻辑。我们基于讲师们的育儿实践案例，分析如何帮助家庭从"无序内耗"转向"有序共生"。值得一提的是，通识卷特别关注父亲、母亲的角色的重塑。研究显示，父亲在儿童逻辑思维、冒险精神培养中具有不可替代的作用。鼓励父亲从"旁观者"转变为"参与者"，以行动诠释责任与陪伴。母亲则在情感沟通方面具有天然优势，通识卷倡导母亲从"伴随者"转变为"引导者"，通过情感共鸣与理性引导，助力孩子健康成长。家庭教育通过重塑父母角色，促进家庭成员间的深度连接，共同营造一个充满智慧与爱的协同成长型家庭。

（三）科学养育：从经验主义到循证实践

在学业规划与健康养育领域，通识卷力求突破传统经验的局限性。第三章"规划学业 持续兴趣"借鉴了杜威"做中学"理念，提出实操建议，帮助孩子将短暂的好奇转化为持久的热爱，将兴趣发展为志趣。第四章"护航童年 守护健康"联合四川省绵阳市中心医院的专家，系统梳理了儿童身心健康的底层逻辑：从睡眠周期的生物节律调控到怎样让孩子睡好，从肥胖预防到合理膳食搭配，从视力保护到科学用眼，从如何说孩子才会听，到如何听孩子才会说。每一节内容均以临床实践研究为支撑，兼具严谨性与可操作性。

（四）协同育人：构建人类命运共同体

家庭教育从来不是孤岛。本书第五章至第八章，均强调家庭、学校、社区协同的重要性。这些实践案例不仅丰富了教育场景，更让家庭成为连接学校与社会的纽带。

当您翻开下册年段卷时，或许会想起春日里观察一株幼苗的经历：它何时抽芽展叶，何时在风雨中微微颤动，皆暗含着生命的隐秘节律。教育亦是如此：从一年级懵懂的新生到六年级挺拔的少年，六载光阴绝非简单的知识累加，而是一场关于生命自觉的绵长对话。年段卷融入发展心理学之思、千余家庭实践之悟，试图为每个年级的教育叙事标注生命的刻度，让成长既有章可循，又葆有野性生长的自由。

（一）时序与年轮：尊重生命的自然叙事

儿童成长如树木添轮，每一圈年轮都是生命与时空交互的印记。年段卷依年级分层擘画教育路径，却始终警惕"标准化"的陷阱。

低段"规则启蒙"，并非用刻度丈量童真，而是在系鞋带、理书包的琐碎中，唤醒独立人格的初醒；中段"学习内驱力"，拒绝功利性驯化，转而探寻如何让知识像溪流般自然汇入儿童的经验之河；高段"领导力培养"，更非塑造"小大人"，而是引导少年在团队协作中感知责任的分量，在矛盾调和中理解共生的智慧。

年段卷提供分年级指引，只为帮助您更细腻地触摸成长脉动——在孩子成长期的沉默里读懂自我重构的阵痛，在孩子逻辑思维的蜕变中看见心智破茧的力量。

（二）阅读与实践：经验的破茧与重生

如将阅读能力培养喻为编织精神图景的过程。低段"童话共读"，是亲子依偎时共享的温暖磁场，让文字成为叩击心扉的密语；中段"深度阅读"，引导儿童与经典对话，在思辨中构筑独立精神城池；高段"整本书跨界实践"，让奇幻走进现实，让科幻化作探索未知的勇气，让孩子跨越文本与现实的界限，将书中的智慧与想象融入自己的生活。

（三）协同共生：打破教育的孤岛叙事

家校社医四维联动，绝非教育责任的机械切割，而是构建生命成长的立体网络，我们通过案例示范，鼓励家长、教师、社会工作者和医护人员关注孩子的成长需求，加强沟通与合作，开展假期实践活动，在活动中共生共长。

（四）留白与期待：写给未来的教育诗篇

年段卷为每个年级标注了路标，却刻意在章节间留下"呼吸的缝隙"——小升初的焦虑无法被方案填平，青春期的困惑也不必急于此刻消解。这些留白，是对教育复杂性的敬畏，更是对家庭创造力的召唤。

亲爱的家长朋友们，教育是一场需要耐心与智慧的长跑。本书的每一页都在传递一种信念：父母的成长速度，决定了孩子的未来高度。愿本书能成为您育儿路上的"指南针"与"工具箱"，让科学理念照进现实，让共情之心温暖岁月，与孩子共同书写属于你们的黄金六年。

何俊[①]　王光[②]

2025 年 4 月

---

① 何俊：四川省特级教师，四川省"最具风采班主任"，四川省最美小学教师，绵阳市生命教育指导专家，高级家庭教育指导师，获得中国科学院心理研究所心理咨询基础培训合格证书，《教育导报》等媒体先后报道其教书育人事迹。

② 王光：绵阳市骨干教师，高级家庭教育指导师，专注于家校社协同育人研究。主持省级重点课题获 2022 年四川省教学成果二等奖，多篇论文刊于国家级刊物。

目录

第一章

自醒自悟　育人自育

　　亲爱的家长朋友，当您翻开这一章时，我们正共同开启一场关于生命成长的深度对话。在孩子一到六年级的黄金岁月里，每一次哭与笑、每一声"为什么"与"我来做"，都是向父母发出的成长邀约。这不是单方面的教养手册，而是一份双向成长指南——当我们蹲下身理解孩子的世界时，也在重新遇见童年时的自己；当我们在育儿困境中寻求突破时，正是重塑教育认知的契机。让我们带着觉知走进这三个维度：在父母的终身学习中浇灌生命之花，在父亲的深度参与中构筑安全堡垒，在母亲的温柔智慧里孕育心灵沃土。育儿路上最动人的风景，莫过于父母与孩子共同舒展的生命姿态。

第一节　父母成长：终身学习的必修课

家长的困惑

　　初为父母者，无不满怀殷切期待，秉持无限的耐心与爱心。然而随着时间推移，当子女因个体差异逐渐显现成长轨迹的分野，部分家长的教养态度开始动摇。当教育投入与预期效果产生落差，或在与同龄人的横向比较中处于劣势，家长的责备与抱怨便接踵而至。更甚者，语言暴力与体罚等失当手段频现，导致子女产生说谎、厌学、行为问题乃至极端心理危机。根据发展心理学研究，这些教育困境，往往源自父母教育理念的滞后与教养方式的失当。

关键词解读

成熟父母的标准是什么？知乎上的高赞回答是这样说的：不用孩子疗自己的伤，不用孩子长自己的脸。人作为自然界的一员，也和花草树木一样，只要有足够的阳光、空气和水都能茁壮成长。那么对一个人的成长而言，阳光、空气和水就是充分的爱与被爱、独立自主、联结能力、价值感和安全感（生命的五朵金花）。

孩子出生后，父母是提供必要营养的首要来源。若父母自身未获得足够的心理营养，心理尚未成熟，便难以满足孩子所需的心理支持。一些心理未成熟的父母，在教育孩子时往往任性而为，采用命令式沟通（如"你必须……"）、情感绑架（如"我都是为你好"）等控制策略。无论是高压管教还是溺爱包办，这些非适应性的教养方式，会导致孩子缺乏安全感，成年后心理上可能仍不成熟，难以管理情绪，感受自我，建立深层次人际关系，从而导致关系失衡。

孩子的到来，是所有父母二次成长的契机。

育儿实践案例

蹲下来，站在孩子的高度看世界

小辰活泼好动，在课堂上"坐不住"，很容易给老师留下深刻印象。其他小朋友都在认认真真地听课，他在座位上转来转去；别的小朋友作业已经完成了一大半，他还在到处找笔；课堂上，大家都在认真听课，积极思考，他在拿着铅笔当枪使，四处"扫射"……他确实是一个让老师头疼的孩子。

老师在和小辰家长交流时，了解到，小辰的父母都在医院工作，平时特别忙，孩子的学前照顾和教育都由家里老人全权负责。老人对孙子宠溺有加，导致孩子行为习惯散漫、缺乏约束。由于妈妈平时对孩子陪伴少，总觉得亏欠孩子，对孩子也很迁就；爸爸是个急性子，暴脾气，当孩子上小学以后表现不好时，一言不合就揍孩子。

不难发现，在孩子需要安全感时，家庭未能提供相应的支持；在孩子需要建立规则的阶段，家庭未能确立必要的规范。在这样的家庭环境中成长起来的孩子往往缺乏安全感，表现出时而任性，时而因受到责骂而显得胆怯和自卑的情况。这种家庭教育方式导致孩子在处理人际关系方面存在困难，经常有同学投诉其不遵守纪律、擅自取用他人财物，学习成绩亦长期处于落后状态。老师曾向家长反映孩子在校的不良表现，希望家长能够配合进行教育。然而，家长在情绪失控的情况下，采取了粗暴的体罚方式，试图让孩子认识到错误。这种简单直接的教育手段，虽然能迫使孩子在权威面前屈服，但并未触及孩子思想深处，使其真正理解自身问题所在。

直至发生了一件事，才引起了小辰父母对孩子不当教育方式的深刻反思。某日中午，老师刚走进教室，便看见小辰被一群同学围住指责他是"小偷"。小辰满脸通红，试图突围而出，同时辩解道："我不是小偷!"老师立即制止了孩子们的吵闹，并告诉大家不能随意给同学贴上负面标签，必须先了解事情的真相，再做判断。

老师将小辰带至办公室，在没有其他老师的情况下，鼓励他把事情的经过原原本本地讲一次，并强调老师是为了帮助他。小辰擦去泪水，向老师讲述了事情的原委。原来，由于小辰近期作业不佳，父母将他所有的玩具都收走并丢弃了。他承认自己拿了同学的 50 元，目的是购买心仪的玩具。他虽然能意识到自己的行为不当，但实在无法抑制住自己对玩具的渴望。

孩子的行为固然有错，但孩子对玩具的渴望本身并非不合理。父母采取的教育手段，本意是通过让孩子感到恐惧来促使孩子修正行为，认真完成作业。然而，当孩子感受到被控制时，他的本能反应是愤怒和逃避问题，而非如父母所期望的那样——失去喜欢的东西后，就会按照父母的要求行事。

在家庭中，如果父母无法洞察孩子的需求，而是以权威姿态对待孩子，孩子便会以其他方式"反抗"父母。当孩子无法与父母的力量抗衡时，他就会通过"问题行为"来吸引父母的注意。如果父母自身不能成熟地处理问题，就无法以成熟的态度去引导孩子成长。父母的不成熟与孩子的拉扯，对双方的亲子关系都会产生不利影响。

每个问题的出现，都是父母成长的契机。老师与小辰父母进行了平心静气的沟通，共同分析了小辰行为背后的动机以及与父母互动时的真实感受。他们了解了孩子身心成长的规律，认识到自己简单粗暴的处理方式对孩子造成的负面影响。他们意识到，关注孩子的情绪和感受是孩子成长每一步的关键。他们信任老师，并愿意陪伴孩子一起成长，约定晚上回家后，像朋友一样与孩子讨论当天发生的事情，并共同寻找解决问题的方法。

第二天，小辰的母亲向老师反馈，孩子带了自己的零花钱到学校，向同学道歉并归还了钱。在与父母的交流中，他们向孩子表达了歉意，了解到即使孩子作业做得不好，也可以采取适当的惩罚措施，但超过孩子心理承受范围的行为只会增加孩子的焦虑和不安全感。父母的成长促进了孩子的成长，小辰在与父母的互动中感受到了家庭的温暖，也开始主动调整自己的"偏差行为"，逐步回归正轨。

别用孩子疗自己的伤

小文才上小学四年级，就表现出课堂上不想学习，任何作业都不想做，上课无精打采，对学习缺乏动力，曾经有过离家出走的举动，还说过"活着没意思"这样的话。老师在跟小文妈妈接触的过程中发现，小文妈妈其实还是个没有长大的孩子。

小文的姥姥、姥爷都很强势，他们几乎包办了女儿的一切，包括小文妈妈的工作选择，对小文教育的干涉。妈妈也试图抗争过、叛逆过，但最后都放弃了。原因是她觉得有人帮她带孩子也省心，特别是离婚后，自己更无心管小文的事情。妈妈自己没有怎么带过孩子，现在孩子出现了问题，就把责任推卸到小文姥姥、姥爷头上。

而姥姥、姥爷觉得自己把女儿养废了，不甘心，又把曾经对小文妈妈的期待转嫁到孙子身上。所以，小文出生后，姥姥、姥爷就"齐抓共管"，对孩子要求非常严格，不允许孩子有任何偏差行为。小文没有得到来自父母的爱，内心极度缺乏安全感，被姥爷逼得成天学习，小时候没有力量反抗，只好顺从。但学习就是做样子、磨洋工。到了十岁左右，小文的功课越来越难，小文对学习毫无兴趣，开始反抗，甚至以死相逼。最近妈妈把孩子领回家，找了心理医生做咨询，疗愈效果还在观察中。

父母好好学习，孩子天天向上

小于的妈妈是个全职家庭主妇，成天在家煮饭、刷剧，只要孩子有一点问题，她就马上打电话向老师求救或直接到学校找老师，老师们见到她都有点避之不及的感觉。

小于爱打游戏，特别是上了初中后，曾被生活老师没收了几次手机，多次被班主任请去谈话，后来直接让妈妈把小于接回家教育几天，这对于把孩子的学习当成头等大事的小于妈妈来说，无异于天塌了。

她深感委屈，自己全部精力都放在孩子身上，孩子现在却成了这个样子，整天除了抱怨还是抱怨，抱怨孩子不争气，抱怨老公不管孩子……她越是抱怨，孩子越反感，越逆反，唯一逃离的方式就是沉浸在游戏世界中，跟老公的关系也越来越糟糕。

一次偶然的机会，她走进了心理学课堂，在那里，她第一次认识到情绪是怎么回事，认识到妈妈的情绪是如何影响孩子甚至整个家庭，认识到只有通过学习改变自己，孩子和家庭才能改变。

从此以后，她走上了一条学习之路，关注点放在自己的身上了，孩子便有了喘息之机；学习让她更自信了，孩子和老公感觉到她的变化对她刮目相看了；学习提升了她的认知，她能在老公生意上遇到瓶颈时提供有益的建议，孩子有情绪时她知道怎么样去跟孩子沟通，去化解孩子的情绪；孩子的班主任有时候还就班上个别问题孩子向她请教。

所有的一切都因她的学习发生了翻天覆地的变化！曾经是班上倒数的小于学习取得了很大的进步，高考考上了一所心仪的"双一流"大学！小于班上很多家长也受益于她的热心帮助，对她感激不尽。

案例分析

由上述案例，我们不难发现：在一个家庭中，若父母及祖辈均表现出孩童般的成熟度，导致父母无法承担起应有的责任，而由祖辈代为管理，这不仅剥夺了父母的责任，也剥夺了他们与孩子共同成长的机会，同时，孩子亦失去了前进的榜样和动力。

小辰的父母不应以工作繁忙为由，将教育责任完全推给祖辈，并在问题出现时采取简单粗暴的处理方式。小文的母亲亦不应以祖辈不愿放手为借口，自己置身事外。他们应当效仿小于的母亲，在意识到孩子及自身的问题后，踏上自我学习与成长的道路。

父母在孝顺长辈、照顾好自己及孩子的同时，应致力于学习和工作，过上充实的生活，并以积极乐观的态度为孩子树立榜样。孩子天生具有学习的本能，他们感受到长辈的关爱与爱护，自然会模仿并学习这些行为，学会关心家人、倾听家人的意见和建议，努力追求进步。

实操建议

1. 父母无条件地爱孩子

中国家庭的父母在对孩子进行教育时，"面子"成了主要考虑的因素。殊不知，这也是对孩子心灵的一种摧残。有这种心态的父母应该扪心自问一下，你想做的事情，你的孩子也一定想做吗？父母要明白：孩子因父母而来，而不是为父母而来。

不要把自己未完成的人生愿望或目标强行加在孩子身上，让孩子自然自在地成长，活出他们想要的样子。要无条件地爱孩子，让孩子感受到你无条件的爱，孩子内在的力量才能自然生长出来，才能从容地面对成长路上，包括学习在内的一切挑战。

2. 父母不断学习成长

没有人生来就会做父母，大家都是在成为父母后慢慢学习怎么做得更好。孩子是父母的影子，所以，当我们在要求孩子自主学习时，先做好榜样。自己先行动起来，才会在无形中影响孩子，也让孩子爱上学习。

一个人自主学习的能力，往往决定了将来是否成功。帮助孩子成长的同时，也能让父母更好成长，当孩子沉浸在学习的氛围中，也会受益良多。美国教育专家高夫和托马斯在《遇见孩子，遇见更好的自己》一书中说道，孩子让父母变得越来越好。

父母需要在生活中、工作中不断精进，不断学习，用自己最好的状态影响孩子，而不是成天说教。同时，父母也需要学习一些心理学方面的知识，才能了解孩子身心发展的规律，了解不同阶段孩子的特征，让自己的内在小孩成长起来，用成人态度面对孩子，不至于在孩子出现不可预料的状况和行为时手忙脚乱，或者做出让自己后悔终身的决定。同时在陪伴孩子成长的过程中，也是让自己的内在小孩不断成长的过程。

3. 以身为样，以身施教

孩子是家长的一面镜子，孩子成长中的一言一行都是家长行为举止的现实反映。如果家长不能以身作则，只是一味地要求孩子，那么教育效果往往事倍功半，甚至适得其反。再多的物质给予也比不上父母的"精神榜样"，希望孩子成为什么样的人，自己先成为那样的人：希望孩子是个爱学习的人，父母先成为爱学习的人；希望孩子是个积极阳光的人，父母先成为一个积极阳光的人；希望孩子是个诚信的人，父母先成为一个诚信的人。

4. 学会爱自己，才能更好地爱孩子

先活好自己，才能更好地爱孩子。父母都无条件地爱自己的孩子，可是很多父母不懂得爱自己、照顾好自己，自己都活不好，哪里来的能量去爱孩子、照顾孩子呢。父母舍不得吃好的、穿好的，把所有最好的东西都给孩子，孩子感受到的只有压力和愧疚。父母好好活出自我，活得自信、坚定、从容，对孩子来说就是最好的教育。

5. 处理好夫妻关系，才能给孩子安全感

夫妻关系是家庭中最重要的关系。只有爸爸妈妈相爱，孩子才能感受到足够的安全，才能从容地做自己。在一个争吵不断的家庭里，孩子得不到安全感，他会用一些极端的行为分散爸爸妈妈的注意，让他们从吵闹的状态中走出来，将注意力放在自己身上，这样的孩子怎样做自己呢？

有人说，做父母，就是一场修行。教育是一场父母和孩子同行的旅程，它是一个双向道，孩子在成长，父母也要成长。要想改变孩子就从改变自己开始。在这条充满玫瑰和荆棘的路上，愿我们勇敢面对、勇敢前行，最后遇见最完美的自己……

第二节　反焦虑育儿：爸爸认知系统的重装指南

家长的困惑

对于家庭教育，在我国，更多是妈妈在负责，部分爸爸长期缺席，所以衍生出流行语——丧偶式育儿，这主要是指家庭里承担主要育儿责任的是妈妈，而爸爸由于多种原因没有参与孩子的成长，更有甚者找借口拒绝参与孩子的教育。以至于孩子的性格形成缺少爸爸带给的阳刚之气，造成孩子没担当，遇事逃避、懦弱等性格。

平安人寿、微博母婴等机构共同发布的《2017 中国家庭亲子陪伴白皮书》提到，只有 12.6%的父亲参与陪伴孩子成长，若爸爸长期缺席，会给孩子的未来带来难以弥补的伤害，孩子会出现行为偏差，不限于难管教、缺乏安全感、社交能力弱等现象，甚至影响孩子未来的婚姻观，并且这四个缺点年龄越大越明显。爸爸在家庭生活中缺席，也会造成妈妈焦虑和抑郁。

在小学阶段，爸爸对孩子的成长影响深远，尤其是在孩子价值观与品格塑造方面，爸爸的教育作用举足轻重。小学阶段，爸爸该采取怎样的行动，才会对孩子发挥良好的价值观导向作用？

关键词解读

《人民日报》公布的**好爸爸标准**：做个会陪孩子玩的父亲；做个学习型父亲；做个谦虚坚韧的父亲；做个会蹲下来倾听的父亲；做个善解人意不缺席的父亲。著名心理学家斯宾塞指出：父亲是孩子通往外部世界的引路人。

传统的父亲形象是严谨的、高大的，在家庭中往往承担了"经济和精神"双重支柱的作用。随着社会发展的不同阶段，爸爸的角色发生了变化：在殖民地时代，父亲被看作孩子的道德讲师，保证孩子在他所认可的价值观下成长；到工业化时代，父亲的角色转变为家庭经济的主要提供者；而从 20 世纪开始，父亲被要求参与到孩子的成长过程中来。父亲之于家庭而言，不仅是经济提供者，更是影响家庭稳定的一个重要角色。

国内外研究成果表明：爸爸在子女成长过程中的参与度，影响着孩子未来的发展，父亲对子女性别角色发展起着重要的作用，体现在为子女提供认同和效仿的榜样；父亲积极参与家庭教养，会对子女道德内化发展起着正向作用；父亲是孩子智力发展的催化剂。父亲在照顾孩子方面花费的时间越多，孩子就越受益；良好的亲子关系能在子女早期成长过程中带来安全感，父亲在儿童成长过程中还扮演着一个很重要的角色，即游戏玩伴。研究证明，儿童在游戏过程中父亲的角色是不能由母亲来替代的。那么，父亲如何在做好自身工作的同时，兼顾好父亲一职呢？

育儿实践案例

爸爸的陪伴

小辉 8 岁，他的妹妹 6 岁半，爸爸每天下班后，会利用空余时间，陪他们一起玩数独游戏。玩数独游戏，需要观察、比较、分析，这样可以锻炼他们的专注力和逻辑思维能力。

一开始，小辉比较感兴趣，但妹妹年纪小，总是答不上来，他就会嘲笑妹妹笨。妹妹听了不乐意了，便有了小情绪，不玩了，爸爸要哄好一会儿，才能让游戏继续。

小辉在等待的期间渐渐失去了耐心，在接下来陪妹妹一起玩的时候，就表现得心不在焉，因为他觉得太简单了。

爸爸注意到了这一问题。于是，决定和两兄妹分开玩。让妈妈也参与其中，随着难度增加，小辉也觉得越来越有挑战性，热情也随之高涨。在每次赢了爸爸妈妈后，感到非常开心，在爸爸和妈妈陪妹妹的时候，他还会在一旁指导妹妹，应该如何思考，才能更快地解答出来。在一边学习，一边教学的模式下，他的思辨能力也越来越强。甚至会把这些知识学以致用，在与爸爸踢足球的时候，还会与爸爸讨论，把思维逻辑用于运动中，也能增加进球的概率，为此，爸爸很开心，觉得付出时间陪伴他们是最值得开心的事情。

爸爸的小惊喜

孩子 10 岁生日的时候，身为人父的我打算送一件特别的礼物给孩子，想弥补这些年，我不在她身边陪伴的遗憾。思来想去，不知道送什么好，想起女儿玲玲喜欢玩挖宝藏的游戏。于是，我灵机一动，想把之前没亲手送上的生日礼物，全部都给她补上。

有了主意，说干就干。我先在网上买了一批她比较感兴趣的减压神器，如抖音爆款魔法卡片等。网上没有的，我跑遍全城大小礼品店，终于凑齐了她最喜欢的十件东西。

她生日那天，我提前回到家，把十件礼物一一藏好。在她回家后，我提前藏了起来，她就跟着我设定好的指示牌，在客厅里寻找宝藏，每找到一个，她都会惊喜万分，大声尖叫，甚至高兴得蹦蹦跳跳。就在她抱着一堆礼物，回到她自己的房间时，我和妈妈点燃了蜡烛，唱起了生日歌，她激动地扑到我怀里，亲了亲我和妈妈，激动地说："爸爸你什么时候回来的，怎么也不提前告诉我，我以为今年你也不能回来陪我过生日了。"我说："以后每个生日爸爸都陪你过，因为我的工作调回来了。"她高兴得像个猴子一样，挂在了我的脖子上，问："真的吗？真的吗？那太好了！"见我点头，她又使劲搂住了我的脖子。

我提醒她："小猴子，该许愿了。"她才依依不舍地从我身上下来。等她许愿结束，她对我说："没想到去年的生日愿望实现了。"我摸了摸她的头，说道："心诚则灵。"她切下蛋糕，把第一块给了我，说道："爸爸，这是你第一次吃我的生日蛋糕，甜吗？"我尝了一口，使劲点了点头，眼睛湿润了。

物质不能代替父母的爱

小宝的爸爸妈妈，从相识到步入婚姻殿堂，一路走来都很顺利，工作稳定，生活幸福。但小宝出生后不久，因为工作调动的原因，爸爸做了一个决定，放弃稳定工作，开始自己创业，创业的目的是能更好地陪伴家人。

可事与愿违，事业越做越大，也就意味着，要不停地四处奔波。随着爸爸事业蒸蒸日上，家庭经济条件越来越好，但陪小宝和妈妈的时间越来越少，感情也变得越来越淡。

虽然爸爸在空余时间，会回家陪伴小宝，但有时候一周一次，大多数时候，几个月都见不到人。在他10岁的时候，妈妈发现小宝好像很排斥父亲，因为在他的印象里，一直都是和妈妈相依为命，爸爸只是一个概念词，很少在脑海里形成具象。所以，爸爸回来的时候，他会感到不适应，不愿意和爸爸亲近。

虽然爸爸也给他买很多的玩具，生活用品更是越来越好，但小宝并不喜欢这些，他认为别人都有爸爸陪，而他没有，他就像是一个被遗弃的孩子。

他孤僻、自卑、懦弱，甚至有点抑郁。一遇到问题，就知道哭，也不说话。妈妈和老师都很无奈。小宝性格柔弱，缺少男孩子该有的坚韧、阳刚、自信果敢等。

爸爸也发现了这一问题，决定放下一些事情，多抽时间陪伴小宝，希望能让他成为一个有担当、果敢、自信阳光的男孩。

案例分析

从案例"爸爸的陪伴"和"爸爸的小惊喜"，不难看出，父亲陪伴孩子的方式多种多样，主要是愿意花心思，不能在孩子的成长中长期缺席。只要爸爸不把自己当成家庭教育的局外人，肯花一点时间和心思去陪伴孩子，孩子就会变得自信阳光，在遇到困难的时候，也更容易找到方法去解决。因为父亲的陪伴和处事方式，能让孩子有效借鉴。并且孩子从这些陪伴和互动中，感受到无限的安全感，这一点是妈妈不能替代的。

案例"物质不能代替父母的爱"给我们的启示：孩子的成长是不可逆的，在塑造孩子性格的关键阶段需要有爸爸的陪伴，孩子的性格和成长才会更加完整。物质不能代替父爱，因为爱是有温度的，只有在接触中，才能感受到并且有效传递。在父母关爱下长大的孩子，更自信、阳光，不惧挫折，不会在成长过程中，因为缺少父亲的陪伴和关爱，而在性格形成的关键期出现偏差。

总之，在孩子的成长教育过程中，爸爸这个角色是不可或缺的。因为没有人能代替爸爸给予孩子的爱，没有人能代替爸爸教会孩子应对生活未知风险的应变能力，这点非常重要。

实操建议

1. 即使忙碌奔波，也能在点滴间诠释父爱的深沉

《三字经》中的"养不教，父之过"，强调了父亲在家庭教育中的重要责任。哈佛大学约克曼博士的研究也表明：那些从小由父亲带大的孩子，不仅智商更高，而且拥有更加稳定的情绪，不容易受到外界的刺激和干扰。

（1）增加有效陪伴孩子的时间

陪伴孩子是和孩子一起学习、游戏、运动等，而不仅是和他们待在一起。与孩子一起的时候，可以通过玩游戏、有计划的出游、一起思辨来提高孩子的认可度，提高陪孩子的质量。带孩子亲近大自然，可以去野餐、露营、钓鱼、带孩子认识各种各样的植物等。父亲可以利用节假日高质量地陪伴孩子。

（2）出席孩子认为重要的活动

如果父亲平时工作忙，陪伴的时间本来就很少，那么一定不要错过孩子认为重要的活动，比如运动会、亲子活动、比赛、表演以及学校组织的各种趣味活动。要明白，在孩子眼里，父亲就是精神支柱，是孩子仰望和学习的对象，一定要在孩子需要鼓励的时候，给予他支持。这点对孩子的成长，尤为重要。

（3）让孩子聆听参与自己的工作

就算爸爸的工作很忙，也不能忽视孩子的需求，孩子需要陪伴和认可，如果爸爸真的很难抽出时间来单独陪伴他，那么就让孩子利用空余时间陪伴爸爸。让孩子知道爸爸是做什么工作的，让孩子在爸爸工作的时候，安静地在一旁参观学习。让孩子多了解爸爸，心就会更近。因此爸爸可以和孩子探讨自己的工作内容、工作环境以及工作中有价值和有意义的事情，当爸爸的付出获得孩子的认可时，就可以让孩子从心底对爸爸的认知有所改变。尊重爸爸的工作，尊重爸爸的付出，孩子也愿意以爸爸为榜样，努力学习。

（4）与孩子一起讨论感兴趣的事情

爸爸与孩子待在一起的时间比较少，但是在一起时，与孩子讨论其感兴趣的话题，既能提高陪伴的质量，也能与孩子产生共鸣。这会让孩子明白，父亲是关心他的，知道他喜欢的是什么，这也是爱的一种方式。与孩子融洽相处，会有利于孩子人格的培养。

（5）学会给孩子制造惊喜

孩子的世界纯真美好，爸爸在出差或者工作之余，闲暇时光给予孩子一些小惊喜，比如：出差时，给他带一些当地的小礼物；为他举办一场特殊的生日会，在重要节日给孩子送礼物，营造快乐的家庭氛围。

2. 以昂扬活力，作孩子成长路上的超级能量站

（1）做一个诚实守信的爸爸

当向孩子做出承诺时，爸爸要努力履行。无论是承诺陪伴孩子玩耍、参加重要活动，还是在日常生活中的小事情上，爸爸要确保信守承诺。这将树立爸爸的可信度和责任感。

与孩子保持诚实和坦率的沟通，不要隐瞒事实或撒谎，即使是小事情。也要与孩子坦诚相告，让他感受到爸爸的真诚和信任。

爸爸要制定家庭的约定和规则，并且坚持执行。这些约定和规则可以涵盖家庭价值观、行为准则以及责任分工等。通过遵守这些约定和规则，爸爸向孩子展示了守信的态度。

培养孩子的责任感是守信的重中之重，一个没有责任感的人，是不可能守信的。爸爸要帮助他们了解自己的责任和义务，并鼓励他们履行承诺和完成任务。爸爸通过这种方式，教导他们守信的重要性，并培养他们成为守信的人。

守信的爸爸不仅在家庭中树立了良好的榜样，还为孩子提供了一个稳定、可信赖的环境。这将有助于孩子的成长和发展，培养他们的责任感和守信的品质。

（2）做一个性格开朗乐观的爸爸

成为一个性格开朗乐观的爸爸，可以给孩子带来积极的影响和愉快的家庭氛围。

培养积极的思维方式，让孩子也看到问题该如何积极面对和处理。将这种积极思维传递给孩子，教导他们如何以积极的态度应对挑战和困难。

展现笑容和幽默感，是让家庭更加温暖和愉快的重要因素。与孩子分享快乐的时刻，讲笑话、开玩笑，孩子也会学会以这种轻松的方式与他人相处。

鼓励孩子的努力和成就，给予他们积极的反馈和赞扬。这样做不仅可以增强孩子的自信心，还能培养他们积极乐观的心态。

教导孩子如何管理情绪，包括积极表达情感、寻求帮助和学会放松等。这有助于他们处理负面情绪，更好地保持开朗和乐观的心态。

一个性格开朗乐观的爸爸，将成为孩子的榜样和支持者。通过传递积极的情绪和态度，爸爸可以帮助孩子建立乐观的心态，培养他们感受快乐和幸福的能力。

（3）做一个奋不顾身的爸爸

成为一个挺身而出的爸爸需要付出很多努力和做出很多牺牲，但这也将使爸爸成为孩子的榜样和支持者。

明确目标：爸爸可以设定明确的目标和计划，以实现自己和家庭的梦想。这将有助于孩子学习如何保持专注和动力，并向孩子展示如何为自己和家庭的未来奋斗。

持之以恒：爸爸应坚持不懈地追求目标，即使遇到困难和挫折也不放弃。爸爸通过坚持不懈的努力，可以向孩子展示如何面对挑战和克服困难。

坚持自我提升：爸爸通过不断学习增强能力，可以更好地实现目标和为家庭作出贡献。通过坚持自我提升，爸爸可以向孩子展示如何不断成长和进步。

培养责任感：你需要承担更多的责任和义务。通过培养责任感，爸爸可以更好地履行自己的职责，并向孩子展示如何成为一个负责任的人。

爸爸需要平衡家庭和事业，同时也要确保给孩子足够的关注和陪伴。通过坚持不懈地努力和付出，爸爸可以成为孩子的榜样和支持者，帮助他们实现自己的梦想和目标。

（4）做一个热爱学习的爸爸

成为一个热爱学习的爸爸，可以激发孩子对学习的兴趣和热情。

树立榜样：爸爸可以成为孩子学习的榜样。展示对学习的热爱和追求，让孩子认识到学习的重要性和感受到乐趣。

创造学习环境：爸爸在家中创造一个积极的学习环境，提供适合的学习资源和工具。这可以激发孩子的好奇心和求知欲，让他们愿意主动去学习。

鼓励多样化学习：爸爸鼓励孩子尝试不同的学科和领域，培养他们的兴趣和才能；支持他们参与课外活动、阅读书籍、探索科学等，让学习变得有趣和多样化。例如参观博物馆、参加讲座、参与社区活动等。这样可以拓宽他们的视野，激发他们对知识的渴望。

关心学业发展：爸爸应关心孩子的学业进展，与他们交流学习上的困难和挑战；提供适当的支持和指导，帮助他们克服困难，取得进步。

鼓励自主学习：爸爸要多鼓励孩子主动探索和学习，培养他们的自主学习能力。例如制订学习计划、培养专注力、掌握学习方法等。这将使他们更有效地学习，并享受到学习的成就感。

一个热爱学习的爸爸可以以自己作为榜样，通过创造良好的学习环境和提供学习机会，来激发孩子的学习兴趣。同时，爸爸应培养他们良好的学习习惯和自主学习能力，帮助他们在学习中取得成功。记住，学习应该是一种乐趣和持续的追求，而不仅仅是为了应付考试。

3. 掌握四点，爸爸角色完美升级

（1）直面挑战

综合前面内容，现阶段爸爸育儿面临的挑战主要有以下四个方面：陪伴时间的挑战、社会偏见的挑战、健康生活的挑战、自我发展的挑战。

①陪伴时间的挑战。

陪伴孩子不是让孩子玩，而自己在旁边看手机。对当下的孩子来讲，仅仅提供经济支持是远远不够的，孩子需要生活陪伴、学业指导、品格引导。由于工作或者其他原因，父母的时间变得碎片化，因此陪伴时间更为珍贵。爸爸可以制订一个家庭日程表，内容包括每个人的日常活动和任务，以确保有足够的时间陪伴孩子。只有合理安排时间，才能确保有足够的时间陪伴孩子。

②社会偏见的挑战。

我国古代"男主外，女主内"的分工模式，也会带来一定程度的社会偏见。一位爸爸每次在小区带他女儿时都会有婆婆、奶奶问：为啥是爸爸带的孩子？此时爸爸需要正视自己身份，思考作为一个新时代的爸爸，如何与妈妈携手养育孩子？

爸爸可以每天抽出一定的时间与孩子交流，了解他们的生活和学习情况。

当孩子需要帮助或建议时，爸爸应给予积极的回应，鼓励他们表达自己的想法和意见。让孩子感受到爸爸对他们的爱和支持，例如赞美他们的成就和进步，鼓励他们尝试新的事物。与孩子建立良好的沟通和互动，倾听他们的想法、问题和需求，给予积极的反馈和鼓励，不为外界不和谐的声音所影响，作个新时代的好爸爸。

③健康生活的挑战。

新时代电子产品的普及，成功地吸引孩子的注意力，孩子可以自己用电子产品学习、看电视、玩游戏等。此时，更需要父亲做出榜样，注重孩子的全面教育，并用良好的习惯缔造孩子的健康人格。

爸爸应培养健康的饮食习惯，尽量少吃垃圾食品和高热量食物。

爸爸应鼓励孩子参加体育活动和户外运动，如游泳、打球、骑车等。

孩子睡眠时间要充足，尽量保持规律，养成良好的睡眠习惯。作为孩子的榜样，爸爸不仅自己要培养健康的生活习惯，注重饮食均衡、适量运动和良好的睡眠，更要带动孩子一起参与户外活动，锻炼他们的身体素质、培养兴趣爱好。

④自我发展的挑战。

爸爸在养育孩子的过程中，没有经过十月怀胎和婴幼儿期的喂养，使得大多数孩子更喜欢和妈妈亲近，爸爸需要补充育儿知识，不断学习，营造良好的家庭氛围。爸爸应摒弃社会陋习，提升自我，与孩子共同成长，做一个负责任的爸爸。

爸爸可以阅读育儿书籍和资料，了解最新的育儿知识和技巧；参加育儿课程和讲座，学习如何更好地照顾孩子和应对挑战；与其他父亲交流和分享经验，了解不同的育儿方法和观点。作为一个父亲，不断学习和成长是非常重要的，要通过育儿课程和与其他父亲交流学习，不断学习育儿知识、提升育儿技能。

（2）拒绝"直升机"式育儿

"直升机式父母"最早出现在美国儿童心理学家海姆·吉诺特（Haim Ginott）于1969年出版的《父母和青少年》一书中。书中提到一个青年抱怨自己母亲，像直升机一样盘旋在孩子的上空，监视其一举一动，随时准备俯冲下来，为其处理遇到的困难。这种育儿方式会导致孩子缺乏应对失败和挫折的能力。在我国，"直升机"式育儿是存在的，孩子被充分保护，无论是学习还是生活，都事无巨细、妥当周全地被安排。可这样无疑是把孩子孕育在温室中，一旦经历社会的风吹雨打，他们将承受不住来自社会的压力。研究显示，很多成人因家庭曾经的过度控制和管理，出现"怨恨"心理。为了脱离"直升机"式育儿，爸爸需要给予孩子充分的信任、了解尊重孩子的天性与特长、鼓励孩子做好力所能及的事情。

（3）帮孩子建立规矩和界限

现代育儿观念有一大误区，是爸爸应该让孩子多放松，不认可自己爸爸对孩子的教育方式，从而导致爸爸和孩子之间没有明确的界线。爸爸应该为孩子制定明确的规则，有明确的奖惩措施。让孩子明白"没有规矩不成方圆"。

爸爸可以与孩子一起制定家庭规则和约定，例如每天晚上睡觉时间、使用电子产品的时间等。对于孩子的不良行为，爸爸应采取适当的惩罚措施，并解释原因和后果。给予孩子适当的自由和空间，前提是确保他们遵守规则和界限。设定适当的规则和界限，帮助孩子建立纪律和责任感。这样可以培养孩子的自律能力，并为其提供稳定的生活环境。

（4）教会孩子辨别霸凌和幽默

教会孩子辨别霸凌和幽默，是培养他们社交意识和情商的重要一环。应向孩子解释霸凌和幽默之间的区别，告诉他们霸凌是以一种伤害他人、侵犯他人权益的行为，而幽默是以一种轻松、愉快的方式来调侃或逗笑他人，不会造成伤害。

①强调尊重和同理心。

让孩子懂得尊重他人的感受和权益。让他们明白，幽默应该建立在尊重和同理心的基础上，不应该以侮辱、羞辱或伤害他人为目的。

②辨别霸凌和幽默。

通过实际案例的分析，帮助孩子辨别霸凌和幽默。让他们思考不同行为的影响和后果，从而更好地理解何为霸凌、何为幽默。

③角色扮演。

让孩子参与角色扮演，模拟不同情境下的言谈举止。通过这种方式，他们可以更加直观地感受到，不同行为对他人的影响，并学会辨别何为适度幽默。

④强调同伴关系意识。

培养孩子与同伴之间的良好关系，让他们明白互相尊重和支持的重要性。这样可以减少霸凌行为的发生，并促进健康的幽默交流。

⑤与孩子保持沟通。

与孩子保持良好的沟通，鼓励他们随时向你倾诉自己的困惑和疑问。帮助他们解决问题，让他们明白社交场合中的行为规范和道德原则。

⑥教会孩子辨别霸凌和幽默需要时间和耐心。

长期坚持可以帮助孩子树立正确的价值观和行为准则，使他们能够更好地应对社交场合中的不同情况。

心理学家格尔迪曾说："父亲的出现是一种独特的存在，对培养孩子有一种特别的力量。"在孩子的成长过程中，父亲的陪伴和无声的父爱，是孩子心理和个性发展的重要力量。

第三节　母亲的力量：温柔而坚定的教养智慧

家长的困惑

在孩子成长的过程中，总伴随着层出不穷的问题，妈妈也为此头疼。那么，到底应该做一位怎样的妈妈？应该在孩子生命中扮演什么角色？当出现新的问题时，应该怎么解决？一定是许多妈妈问过自己的问题。

关键词解读

妈妈是与孩子朝夕相处的人，是孩子人生中的第一位老师，妈妈的言行深深地影响着孩子终身成长。一位善于教育、三观正确的妈妈对孩子的影响，远远超越学校老师对孩子的影响。当孩子在现实生活中出现各种问题时，一位**智慧的妈妈**应该是什么样的呢？

首先，一位智慧的妈妈应该是"温柔"的，情绪健康、有耐心、能同理心倾听孩子和换位思考。养育孩子就像是养育一棵树苗，不论经历多少风雨，都需要耐心陪伴。只有用爱去浇灌，才能听到孩子内心的声音。其次，一位智慧的妈妈应该是"积极"的，在孩子需要帮助时给予正面肯定和鼓励，让孩子充满希望、积极向上。最后，一位智慧的妈妈应该是"成长型"的，与孩子共同学习，迭代认知，能发现问题，学习成长自己。

育儿实践案例

小杰妈妈的迷茫

小杰四年级了，学习习惯不好，成绩也很差。爸爸妈妈常年在外跑货运，少有时间管理小杰。父母给予小杰的，只有丰富的物质保障，家校沟通也只能电话交流，老师只好和小杰谈心。老师了解到，从小杰上二年级开始，爸爸妈妈就经常不在家，只有年岁已高的奶奶照顾他。周末看着其他小朋友有爸爸妈妈陪着出去玩，而他却只有和奶奶在一起，感到非常无聊和孤独。每次回家做作业，小杰遇到困难也不能及时解决，因此他养成了作业拖延，甚至不完成作业的习惯，上课也经常不能集中精力学习。当老师打电话告诉家长小杰的学习表现时，父母就会打电话批评小杰。小杰也很生气，和爸爸妈妈吵架，亲子关系非常不融洽。

了解到这些情况后，老师与小杰的妈妈进行了电话沟通。为了让小杰能回到正常的生活轨道上来，全家商量决定让妈妈留在家陪小杰。然而，小杰和妈妈的相处并不愉快，经常爆发矛盾。妈妈管理起来也劳心费力。在一次辅导作业时，小杰妈妈很生气，一怒之下打了小杰，小杰开始对妈妈不理不睬，妈妈十分崩溃。小杰学习不好，于是妈妈找老师一对一帮忙辅导，可是收效甚微。小杰还经常借口生病不到校上课，待在家里不出门。想到自己专门回家陪伴孩子，小杰却是这个样子，妈妈对小杰失望极了，面对日益紧张的亲子关系，也愈发迷茫。

小志的"好朋友"

小志正处于小升初阶段，假期里妈妈给他报了网课学习。但妈妈发现，活跃的小志变了，喜欢和家人叽里呱啦说个不停的小志话少了许多。妈妈悄悄观察，儿子在使用平板学习时，上课没一会儿就开始打游戏。老师反映小志的作业常常不能按时提交，不能了解到孩子的学习掌握情况。妈妈对此十分苦恼，但又不知道该怎么做合适。

那天晚上，妈妈拨通了老师的电话。妈妈的描述里，带着很多情绪：平时自己工作再忙，也要关心小志的生活和学习，乖巧懂事的孩子怎么会变成如今的样子？指责小志不好好学习，担心小志的未来……老师能感受到这位母亲的焦虑。

在一通控诉后，老师问妈妈："小志是怎么想的呢？"妈妈说："我没有和他聊过。见他不专心学习、玩游戏，我就很生气。马上就要小升初了，他还不着急！"话语里充满了对小志的责备。于是老师说："我很理解你的心情。从你的描述看，你只是站在自己的角度在说这些问题，在宣泄你的情绪，而孩子是怎么想的才是解决问题的关键，我们要了解孩子的内心想法。你可以找个机会，心平气和地跟他聊聊，问问他的想法。蹲下来和孩子一起看问题，让他对你多些信任。"小志妈妈答应了，挂掉了电话。

第二天上网课，小志依然在偷偷玩游戏。妈妈压抑住心中的怒火，平复好情绪，为小志准备了一顿他爱吃的午餐，小志吃得很开心。饭后妈妈平静地对小志说："儿子，今天妈妈想跟你敞开心扉聊聊。妈妈一直都是你的朋友，我想听听你的想法。"

妈妈问道："最近的学习，据老师反馈的情况看，你有很多问题。你思考过是什么原因吗？""忍不住玩游戏耽搁听课和写作业了。"小志坦诚地回答。

"哦，原来是这样。妈妈认为玩游戏是可以的。只是妈妈没有玩过网络游戏，我很想知道游戏能带给你什么，让你这么喜欢。"妈妈为小志的坦诚庆幸，拉起小志的手温和地问道。

小志沉默了一会儿。"同学们都在聊游戏，如果我不玩，我就和他们玩不到一起去，他们也会笑话我。打游戏很刺激，赢了我觉得很高兴，很有成就感。"

"嗯，妈妈听明白了。你认为可以通过游戏交到朋友，在游戏里可以找到成就感，是吗？"

小志点点头。"那妈妈想知道,你认为什么是真正的朋友?"

小志一脸茫然。

"游戏里的那种成就感你能在生活中找到吗?"妈妈继续问。

小志摇摇头。

"妈妈在想,你肯定不想因为游戏而耽搁学习,也想交上真心的朋友。那我们制订一个计划来达成这些目标,妈妈愿意协助你一起来完成,怎么样?"小志看着妈妈真诚的目光,用力地点点头。

妈妈和小志一起制订了详细的每日计划,把游戏列为其中一项。妈妈尊重小志自己设定的学习和游戏安排。第一天,他设置学习两节课玩半小时游戏,妈妈同意。第一天执行下来,小志在学习的40分钟时间并不能完全专心。而游戏时间到了半小时,他还会以"这一局没完"为借口继续玩。于是妈妈又向老师寻求办法。老师让妈妈为小志准备一个番茄钟,根据孩子的大脑规律去养成习惯。于是,妈妈对小志的计划进行调整,每学习25分钟,休息5分钟,活动活动,接着再学习25分钟。把每一科长时间的学习分成两段,小志完成起来也感觉更轻松。游戏时间同样是25分钟计时,时间一到就停止游戏。如果计划中途有打断,就重新开始计时。妈妈说,这个办法还真有效,妈妈也和孩子同步处理自己工作的事情,保证了学习的专注,游戏时间也有效控制了。

随着学习的深入,妈妈又发现一个问题:小志的作业空了很多。原来是小志知识没弄懂,不会解答,这也是每次学习时间他不能高效利用的原因。因为他前面欠下的知识太多,上一个知识和下一个知识之间的环没有连接上,所以并不是他不想写,是因为不会写。于是妈妈决定跟小志一起学习。

妈妈自己提前了解每个单元,然后在计划表中加入新学内容会涉及的旧知作为复习任务。虽然妈妈也不是很懂很多知识点,但想到母子俩一起学习探讨,能有效地帮到孩子,就觉得很开心。那段时间,妈妈花了很多时间陪伴学习,相比之前让小杰一个人面对困难,效果是显著的。当妈妈愿意真诚地跟小志一起学习解决问题,小志也更加专注和努力。

由于小杰在学习上体验到了更多的自我效能感,学习的效率也提高了。看着学习成绩的一次次上升,小志自信起来,和他一起玩游戏的小伙伴,开始崇拜他了。慢慢地，小志的学习计划也得到进一步调整。学习时间次数增加，游戏减少，游戏逐渐变成他给自己完美完成学习后的"嘉奖"。

在陪伴小志这一路走来的过程中，妈妈和小志的关系也更和谐，小志也考上了理想的中学。小志常常给小伙伴说，我家里有位给力的"好朋友"，小伙伴们都羡慕小志有这样一位好妈妈。

案例分析

案例"小杰妈妈的迷茫"中，父母由于长年在外工作，缺少与小杰的陪伴和交流。收到老师关于小杰表现差的信息后，父母对小杰只有严厉批评。在老师和妈妈交流情况后，小杰妈妈留在家里陪伴孩子，但相处方式似乎并不合适，小杰妈妈生气的时候甚至还打了小杰，亲子关系十分紧张，到最后也没有解决问题。小杰妈妈缺乏对孩子的了解和正确的沟通，也没有找到合适的有效方法帮助到孩子，结果适得其反。

案例"小志的'好朋友'"中，回顾小志的变化，从最开始沉迷游戏、学习落后，到合理玩游戏，考上理想的中学，小志妈妈是怎么做的？妈妈最初在面对小志的问题时，有过苦恼、愤怒、迷茫、焦虑，也有对孩子的指责和抱怨，但她不是向孩子发难，而是寻求办法。在老师的帮助下，她开始站在小志的角度看待问题，倾听孩子的想法，当她看到孩子"玩游戏"背后的真正需求时，她用自己的智慧、陪伴逐渐帮助小志从游戏中"走出来"，并帮助他在学习上一点一点地进步，帮孩子找到成就感，建立自信。最后她真正成为孩子引以为傲的好朋友，指引孩子成长方向的引领者。

实操建议

1. 稳定情绪是陪伴的关键

陪伴孩子需要的是拥有足够耐心，需要的是保持一颗平常心，才能引领孩子向前，妈妈的情绪决定孩子的情绪。

2. 站在孩子角度去倾听他

同理心倾听是解决问题、建立信任的基础。妈妈应从孩子的角度出发，去倾听他、了解他，搭建起信任的桥梁。

3. 多鼓励，少批评

妈妈要学会发现孩子的闪光点，及时给予正面的反馈和鼓励，帮助孩子建立自信，同时也要谨慎使用批评，尽量以建设性的方式提出改进意见，营造一个积极向上、和谐融洽的氛围。这样，不仅能够促进个人的成长和进步，还能增进和谐的亲子关系。

4. 正确地学习与改变，让"爱"落在需要的地方

妈妈应理解孩子的心理发展特点，从而更加精准地把握爱的给予时机与方式。做一个智慧的好妈妈，学会积极肯定孩子，学会准确理解孩子，学会有质量地陪伴孩子。

亲爱的家长朋友们，当夜深人静时，您是否也曾在孩子的睡颜前陷入沉思？我们这趟共同的学习旅程，其实都在印证一个朴素的真理：育儿从来不是雕刻作品，而是培育种子的艺术。

记得那位用游戏教会孩子逻辑的爸爸吗？他让我们看到，父亲的高质量陪伴不在时间长短，而在心灵的同频共振。就像小辰父母在反思中领悟的：教育不是驯服，而是理解生命五朵金花（爱、独立、联结、价值、安全）的绽放规律。而小于妈妈的故事更印证了，父母的成长轨迹终将成为孩子的人生路标。

当我们谈论"温柔而坚定"，其实是在寻找教养的平衡支点——既要像小志妈妈那样学会"蹲下来倾听"，也要有设定规则边界的勇气。那些育儿焦虑的破局点，往往藏在"把孩子当作独立个体尊重"的认知升级里。

请永远记得：您对孩子最深刻的教育，藏在您对待生活的模样里；您给予最珍贵的礼物，是成为终身成长的践行者。育儿路上的荆棘终将化作玫瑰，因为我们不是在培养"完美孩子"，而是在养育"完整的人"。下个黎明到来时，愿我们都能带着新的觉知，与孩子携手走向更辽阔的生命原野。

第二章

共建家庭 和谐生态

> 　　家，是孩子人生中第一个课堂，也是永不落幕的成长剧场。在这里，每一次温柔的对话、默契的协作、用心的陪伴，都在悄然编织着孩子对世界的信任与热爱。
>
> 　　本章我们将一同探索家庭生态的构建密码：从父母相爱的能量场，到隔代教育的智慧平衡；从多子女家庭的"手足数据线"校准，到特殊家庭结构的"特别定制"方案。无论您的家庭是三代同堂，是二孩热闹，还是单亲重组，都能在这里找到让爱流动的实践指南。让我们放下焦虑，用科学的方法与温暖的情怀，共同搭建一座让孩子自由呼吸、自然生长的"家庭生态园"。

第一节　点亮爱心指示灯

家长的困惑

　　对很多家长来说，与孩子相处时，如何表达爱，让孩子感受到爱，对他们来说是一大难题。很多时候，父母对于爱的表达并不能准确地传递给孩子。

父母在与孩子相处的过程中，如果采用不适当的表达爱的方式，很可能给孩子造成困扰。大多数父母在爱孩子时，会相互对比，来证明自己爱孩子多一些，使孩子对爱的解读上，出现认知偏差。

尤其是家庭中有长辈的参与，隔代教育难免会有冲突，但很多父母不能正确认识隔代教育的弊端和优势，所以在遇到矛盾的时候，不能合理地去处理，造成孩子在受教育的过程中，遭受严重的伤害，甚至会出现两代人争夺教育主导权的拉锯战，这对孩子的成长造成了巨大的伤害。

在家庭教育中，无论父母教育，还是长辈参与教育，都存在分歧，常常因为家庭分工不均，而产生抱怨、争吵，现在很多家庭教育中，因为父亲极少参与，导致很大一部分孩子在成长过程中，性格发育不完整，而形成很多的缺陷，这些缺陷不限于懦弱、自闭、孤僻、暴躁等，对今后的人生也会造成巨大的影响。

那么，如何在家庭教育中做好明确的分工，是现代家庭教育的一大难题。

关键词解读

爱是什么？百度百科的定义是："爱，是一种强烈的、积极的情感状态和心理状态。它代表着对人或事物有深切真挚的感情，这是一种对人、事、物十分深刻的喜爱。"

爱并不是一种天赋，而是一种能力、一种艺术，没有人是从出生就懂得如何去爱的，所有的人都需要通过学习、练习和思考，来掌握如何去爱。爱是一种情感表达方式，爱是一种身份上的认同，爱是对对方价值上的承认，更是一种关怀方式。

从心理学角度来说，爱更像是一种生存工具，是人在生活中最重要的安全感来源，是人摆脱孤独与寂寞的一种方式，更是一种积极的力量，让给予和被爱都能感受到爱的传递，包括但不限于关心、尊敬、责任感和了解等。

一家人在一起，就是爱的传递和接受的过程，尤其是在家庭教育中，如何做到爱的平衡，对家庭教育显得尤为重要。传统教育，是把孩子的成长全部托付给长辈，父母很少参与其中。而现代的教育理念是，孩子的教育首选是父母，在父母不能完全胜任的时候，由爷爷奶奶，或者外公外婆从旁协助的教育方式，是隔代教育。当两代人的观念和思想产生相对性的冲突时，如何有效地化解这种冲突呢？所以做好分工非常重要。

什么是**分工**？分工是指劳动分工，即各种社会劳动力的划分与独立化，分别从事不同又互相联系的工作。而家庭教育分工也有异曲同工之妙，也是为了更好地完成工作，彼此相互配合，彼此负责不同的工作，却又不能完全独立分开。尤其是在家庭分工模式下，给孩子的爱是不能分开的，分工不分爱。《周易·丰》一书中提到："月盈则亏，水满则溢。"所以，在给孩子爱的同时，也要保证恰如其分，过多过少都不利于孩子的成长。

育儿实践案例

用爱为孩子鼓掌

小婉生活在一个幸福的家庭，父母的感情非常好，家里出现困难的时候，父母会一起想办法去解决，不会彼此指责，更不会相互抱怨，夫妻俩都能设身处地地为对方着想。

生活中，小婉犯了错误，父母也不会苛责，而是耐心引导，更不会用反讽的方式去激励她。这也大大降低了沟通的成本，父母对小婉的爱，很容易就被小婉正向吸收，为之所用。

在这样的家庭氛围中成长，小婉安全感十足，而且信心满满，因为她知道，在她的背后有一个安全、稳定、幸福的家。无论遇到什么样的困难，都会有爸爸妈妈和自己一起找到解决问题的办法。

爸爸妈妈也是她最坚实的靠山，遇到困难时，大事有爸爸可以请教，小事有妈妈的经验分享。这样的成长环境，也让小婉早早地成为这个家庭中小小的帮手，会主动帮助爸妈处理一些事情。闲暇之余，一家人会一起聊聊心中的困惑，并且想办法为对方找出排忧解难的方式。

从小在幸福轻松的环境下成长，小婉活泼开朗，自信阳光，活脱脱是一个发光发热的小太阳。无论遇到什么样的困难，她都会展现出积极的一面。

用"爱"筑起成长的高墙

博易家是三代人共同生活在一起，博易的父母平时工作很忙，大部分时候，都是博易的爷爷奶奶照顾、陪伴他。由于长期和爷爷奶奶在一起，博易的性格变得散漫。因为爷爷奶奶无微不至地照顾，博易很怕累，遇到一点困难就叫嚷累了，选择放弃。

因为平时他说累了，爷爷奶奶就会让他停下来休息，并为他递上点心、饮料，时刻为他擦汗，扇风等，并告诉他，累了就不做了，休息去。

当父母发现易博这些问题时，鼓励他改掉这些缺点，他也撒娇耍赖，不听父母的话。当父母严厉要求他完成的时候，他就会用哭的方式吸引爷爷奶奶的注意，爷爷奶奶就会心疼他，立马跑过来护着他，并且为他找借口，造成他听不进去父母的话，认为只有爷爷奶奶才是真的爱他。

可在爷爷奶奶的溺爱下，他的缺点越来越多。当父母管教时，爷爷奶奶出面阻挠，为此父母也经常吵架，家庭关系也变得格外紧张。

爱的反噬

小州生活在四代同堂的大家庭里，负责照顾他的是奶奶和妈妈，因为婆媳关系不和，两人在教育小州的时候，都夹杂着私心，所以会在孩子面前说对方的坏话。

时间一长，小州养成了说谎、刻意迎合的性格，并且他会附和对方的意思，来获得想要的东西。

长此以往，小州对她们没了信任和内心的亲切感，他更多时候还是喜欢和爸爸在一起。因为小州在这场婆媳不和的亲情对抗中感到很累。

这样的环境让小州产生错误的认知，觉得在一个人面前说另一个人的坏话，是一件很厉害的事，仿佛自己成了"社交达人"。小州在家人面前谎话连篇，给家人造成了很多的误会。

案例分析

案例"用爱为孩子鼓掌"中的父母非常明智，避开了大部分家庭教育的"坑"，值得大家借鉴学习。因为一些家长在教育孩子的时候，会有一个误区，那就是夫妻俩没有站在同一角度，跟对方聊起孩子时，用的是："你娃怎么样"而不是用"我们的孩子"，甚至认为父母之间的事情与孩子无关，所以在处理很多夫妻之间的事情时，没注意到对孩子的影响。比如：夫妻在吵架的时候，很多时候张嘴就来，甚至会连带孩子一起。大人是气头上，过过嘴瘾，但影响最深、受伤最严重的往往是孩子。

父母没有正确地表达爱，会造成孩子从小对爱的缺失，在缺爱的环境中长大的孩子，会有很多性格缺陷，如自闭、胆小懦弱、缺乏安全、自私、叛逆等。

而小婉的家庭恰好就避开了这些不好的影响，通过家庭环境对小婉产生积极的影响，让孩子不为不属于这个年龄阶段的事情烦恼和忧愁。

从案例"用'爱'筑起成长的高墙"，我们不难看出若孩子长期在这样的家庭环境中成长，会形成很多的弊端，不限于懒惰、胆小怕事、没责任感、遇事逃脱等缺点。而父母与长辈吵架，让两代人的教育问题变得更加尖锐，更会放大孩子成长中的错误形成。

上一代的教育方式和下一代的教育方式肯定是有差异的。尤其是在父母和爷爷奶奶同时教育一个孩子时，也是各说各的理。甚至有些家庭发生两代人的观念冲突后，会教唆孩子只听自己的，为争夺孩子"听话权"而对战。

在教育孩子时，父母和爷爷奶奶都会存在护短行为，这会养成孩子逃避责任的心理，遇到问题都从别人身上找原因，而不从自身找问题。

案例"爱的反噬"中的做法，更加放大了隔代教育的问题。两代人的思想和教育方式不统一，彼此不认可对方的教育方式，甚至在背地里互相诋毁，在孩子面前说对方的坏话，企图加深孩子对自己的好感，结果却让孩子三观扭曲。这样的做法只会让孩子对父母产生抵触心理。

小州的家庭便是如此，而作为家长却并没意识到这一点，甚至以为这是家长之间的事情，与孩子无关。可随着孩子的成长，他们有了明辨是非的能力，时间一长，内心的疏远也较为明显，更会给孩子造成困惑，让他不知道该相信谁，该亲近谁，让孩子陷入亲情拉锯战的痛苦里，让孩子对生活迷茫。

实操建议

经研究调查发现，在父母恩爱环境下长大的孩子，内心充满安全感与爱；而那些父母感情不和，甚至离异家庭的孩子，往往内心对爱的缺失很严重，但若是父母懂得如何去表达爱，会对孩子产生积极影响，也会让孩子在爱的包围中健康成长。

1. 父母相爱，增强孩子的自信心

什么样的环境孕育出什么样的果实，想让孩子健康成长，父母营造出积极和谐的家庭氛围很重要。父母可以从以下四个方面，用爱为孩子鼓掌。

（1）以爱为基石，建立良好的家庭环境

如果说父母相爱是家庭幸福的基石，那么良好的情感表达就是家庭幸福的壁垒，而爱的传递就是家庭幸福的灵魂。想要让孩子健康幸福地成长，这三样缺一不可。一个良好的家庭环境，离不开父母相爱，家人间相处融洽，才能有良好的家庭氛围。

教育家简·尼尔森在《正面管教》一书中提道："当小孩的归属感和确认自己重要性的需求没有得到满足时，他就会很沮丧。"

所以，重要的是让孩子真实、贴切地感受到来自家庭的爱。这也是为孩子储存能量，当他遇到困难和挫折时，储存的能量就可以抵消负能量的消耗。

（2）用付出的方式，提供支持和鼓励

父母相爱，无形中就会用爱的方式来表达和互动。而爱的方式往往是通过语言和行为方式来传递的。而孩子天生对爱拥有非常敏感的嗅觉，一旦父母的感情不和谐，他很快就嗅到危险的味道，这会引起他不安的情绪。

若父母相爱，用爱的行为和方式相处，这种积极的情感也会传递到孩子身上。孩子可以感受到父母之间的关爱和支持，从而更加自信地面对生活和挑战。

例如：父母在相处时，用支持代替数落，用理解代替唠叨，用参与者身份代替旁观者的身份，一切问题都会迎刃而解。

（3）以自身为榜样，示范良好的人际关系

父母相爱，向孩子展示了良好的人际关系的模范，是爱孩子最好的方式。因为父母相爱，与身边的人关系良好，就会给孩子传达出一种积极的生活信念。

而且孩子在生活中，会通过观察父母之间的交流和互动，比如待人接物等方面，学习如何与他人建立健康的人际关系，进而培养出自信和自律的能力。

（4）统一站位，注重家庭教育

在父母相爱的家庭中，夫妻更容易形成共同的教育理念和方向，这有利于孩子的规范教育和品德培养，就不会出现父母之间的拉锯战，而孩子不知道该听谁的。

孩子的行为和认知都是模仿大人，也是在观察、模仿、实践中去积累经验，作为孩子的榜样，父母的行为会深刻地影响到孩子的成长和发展，从而增强孩子的自信心、形成正确的价值观。

2. 隔代教育的冲突和化解方式

隔代教育冲突，大多是因为价值观念、思维方式和文化背景等不同，所以造成的冲突也不一样。那么如何有效地避免冲突呢？

（1）及时保持沟通

在与祖父母或外祖父母共同教育孩子的时候，父母一定要及时和他们保持沟通。俗话说：细节决定成败。很多事情的成败都在细节上，如果在养育孩子时，不能及时有效地和长辈沟通，会让很多事情往不可控的方向发展。若是及时保持沟通，很多不合理的教育方式就可以及时改正，也会减少错误教育对孩子的影响。

（2）尊重祖辈的意见

在与祖父母或外祖父母共同教育孩子时，父母要尊重他们的意见，不要着急反驳。先认可对方，再说出自己的想法，让老人们也学会分析什么样的方法，确实更适合孩子。不要强横地对老人的做法全盘否定，这会让他们有挫败感。当双方产生敌对心理，就会对孩子产生思想认知的拉锯战，让孩子很迷惑，形成纠结、摇摆不定的性格。

（3）平衡祖辈的参与度

在祖父母或外祖父母参与养育孩子的过程中，要平衡参与度，定好规矩，分清两代人负责孩子的哪一部分，彼此明确在养育孩子时的工作任务，尽量不要干涉对方的处理方式，除非遇到原则性问题。平衡好双方的参与度，就能很好地减少双方的冲突，大人也能减少情绪的消耗，而孩子也不用疑惑到底应该听谁的，而产生纠结的情绪。

（4）树立父母的权威

在教育孩子的时候，一定让孩子明白，父母才是教育他最主要的责任人，祖父母或外祖父母只是从旁协助，所以，孩子的学习、三观、习惯等养成，要绝对听从父母的安排，制定明确的规章制度，严格按照要求执行，不可随意更改。

（5）互相包容、彼此认可

在隔代教育中，容易产生很多的冲突，在两代人共同养育孩子的时候，一定要多包容对方，不被情绪左右，不刻意去挑对方的疏漏点，站在欣赏的角度去看问题，看一件事的优点和带来的益处，不挑坏处，彼此认可对方的教育方式。只有尊重和理解不同年龄层次之间的文化差异，在处理冲突时，才能给孩子做良好的示范，以免对孩子造成心理阴影和负面影响。

（6）送礼物感谢对方

在共同养育孩子的时候，彼此的付出都应该被认可，都是值得感谢的。所以，在合适的时候，为对方挑选小礼物，用行动去感谢对方，让彼此感受到对方认可。用感恩的方式，增进彼此的感情，也会减少冲突的发生，而且更利于给孩子搭建一个有爱的大家庭。

3. 父母如何做好家庭分工

两代人在家庭教育中，多注意及时沟通，遇到问题及时解决，多站在为了孩子健康成长的角度，一切看似复杂烦琐的事，就会变得简单起来。而在不同的家庭中，教育方式也存在差异，那么如何做好具体分工呢？

（1）理解家庭分工模式的好处

要想两代人和谐共处，就不得不从爱的角度出发，以爱孩子为共同目标，这样才能放下个人成见，以孩子的幸福成长为终极目标。

做家庭分工时，可以从经济、文化、时间等角度，探讨家庭分工模式，制定出具体的分工，详细写明各自负责的具体要求和程度，探讨出遇到冲突和矛盾时的解决办法。这样也能减少参与者的精力消耗，百利而无一害。

（2）明确家庭责任的分工制度

由于每个家庭情况不同，父母可根据自身的家庭情况来调整家庭分工。不同的分工制度，给孩子爱的感受也是不同的。父母可根据各自的能力范围，和孩子的需要来分摊家务，以及通过制定家庭规则等方面来调整家庭分工。例如：孩子生活方面的小事，由祖父母或外祖父母负责，而孩子的价值观引导和学业辅导由父母负责。这主要是让共同教育的人明白分工的重要性，也避免冲突的产生。

（3）给孩子恰如其分的爱，不偏私

对于有多个孩子的家庭，父母要尽量平等地对待孩子，不管是在物质上还是在精神上，都要让孩子感受到公正与公平。例如，在经济支出上，要根据孩子的实际需求进行花费，而非片面地迁就孩子的要求，这样不仅能够节省家庭开支，也有利于孩子的健康成长。无论是哪一方都不应该私下给孩子零花钱，或者对其中一个孩子格外照顾，不能让孩子感受到偏爱，或受到排挤和冷落的感受。

（4）两代人共育，也是一种自我成长

两代人共同教育孩子，也是相互学习和自我成长的一个过程。家庭分工模式的调整和爱的平均分配，是让育人者自育。两代人本着为孩子在爱的大家庭中更加幸福成长的目标，应该不断地调整自己的状态，并且不断地学习，弥补自身的不足。家庭成员应彼此沟通和理解，明白各自角色的责任，在帮助孩子成长的过程中，做到互相支持和鼓励。作为孩子的监护人，父母更应该多向前跨一步，多理解长辈的付出，把对孩子的关注分一份给父母，多认可和关心他们，更能让两代人和谐共处。

总之，想要给孩子幸福的家庭环境，两代人就要做好家庭教育的明确分工，而不同的家庭模式，会有不同的分工。只有分工合作，彼此才不会那么累，并能减少彼此的冲突和摩擦。

教育孩子应重视平等、公正的家庭环境，让父母在家庭分工的选择上，更多地考虑让孩子获得良好的教育、关爱和支持。

第二节　连接手足数据线

家长的困惑

在国家政策持续优化的背景下，家庭结构正由传统的"2+1"模式逐步演变为"2+2"乃至"2+N"的新型格局。家中多个孩子的欢声笑语洋溢着温馨，同时也伴随着时而发生的小冲突。在职场上忙碌的父母，对单个孩子教养已感压力重重，那么面对两个及以上孩子，其精力分散更显不足。人们往往会存在惯性思维从而认为年长的孩子应具备更多独立性，其成长应朝向自我独立的方向发展，因此在新成员加入时，便急于让大孩独立。这样的做法可能导致大孩安全感缺失，引发情感上的失落与隐性反抗。同时，由于父母关照的不均衡，次孩可能出现取悦大人的行为。

每个孩子都是独一无二的个体，即使是同胞手足，性格亦各有千秋。面对家中孩子们的争执，家长作为"裁判"，如何巧妙地调和他们的交流，维系家庭的和谐，提升多子女家庭的幸福感呢？

关键词解读

家庭新成员：新成员（尤其是弟弟妹妹）的到来会影响家庭结构和孩子间的关系，父母需理解并引导孩子适应这一心理变化。

家庭和谐：家庭和谐需要父母的智慧和耐心，采用正面管教等教育方法，培养孩子的自律、责任感、合作和解决问题能力，促进孩子间的和谐。

育儿实践案例

给孩子"100分+五星"的爱

如果说爱一个孩子需要100%付出，那么拥有了二孩以后对孩子们的爱更要是"100分+五星"的爱。妈妈小宇和爸爸晓虎都不是独生子女，孩提时拥有兄弟姐妹陪伴的快乐时光，是他们夫妻二人想带二宝的最大动力，事实证明身边大部分出生于多孩家庭的朋友们，几乎都选择了孕育二胎的决策。

在生二宝之前，夫妻二人要先认真征求老大的意见，希望他能发自内心地接受二宝的到来，或许是源自对孩子全心全意的爱，一说到要生弟弟妹妹，孩子非常乐意地接受了，还很期待二宝的到来。在孕育二宝期间，儿子时刻化身小天使，课余时间为二宝进行胎教，提醒谨遵医嘱，还参与为二宝取名字……二宝孕期期间孩子比爸爸妈妈都还要细心，给予未出生的二宝足够的温暖，从那一刻起，夫妻二人真正体会到了血浓于水的温暖传递。

面对儿子的主动参与，夫妻二人内心满满的感动，这是源自上一辈二孩家庭传递的正能量，赋予大宝接纳包容的能力，让大宝迅速在二宝即将到来的家庭中找到适合自己的位置，来自父辈兄弟姐妹们手足情深、互帮互助的影响，大宝时刻感受到亲情的温暖，有这样的经历后，大宝在快速接纳二宝到来的前提下，也憧憬着有兄弟姐妹陪伴的幸福时光。

在大家一起努力生活，耐心等待的美好时光里，温暖的大家庭迎来了可爱的二宝，天遂人愿，二宝是一个可爱的小公主。妹妹的到来，无疑是为他们的小家庭赋予了更加绚烂的色彩，妈妈小宇开始疯狂的为女儿采购各式各样的漂亮衣服、饰品……一屋子的粉色毫不掩饰对妹妹的偏爱，加之妹妹出生后时间和精力的不足，哥哥各种挑刺，各种不配合，让小宇似乎感觉到了哥哥情绪的变化，每一位来访的客人都毫不掩饰地赞美着妹妹的可爱，而全心全意照顾妹妹的小宇，几乎失去了对哥哥的耐心，甚至有时还很烦躁，哥哥开始有了闲话，后来才知道还悄悄地哭了好几次。妈妈小宇没有耐心听取哥哥学习生活中的趣事，也没有腾出时间再去关注他的学习，有时候还会因为妹妹被影响，对他进行批评。

看着哥哥委屈转身的背影，小宇忽然意识到，自己做错了！同样身为老大的她，怎么这样粗心大意忽略哥哥的感受啊？在妹妹半岁左右的时候，哥哥在学校频频出现状况，成绩一落千丈。面对问题，小宇静下心反思自己，并主动与孩子爸爸沟通，为了两个孩子均衡发展，必须权衡对两个宝贝的爱，只有被爱包围的孩子，才能滋生出更多的柔软，只有被很好地爱，才会在耳濡目染中学会爱，只有得到更多的爱，才能在爱的投射里面，回报爱。所以他们对两个宝贝的爱不仅要满分，还要"100分+五星"！多付出一点，哥哥也会学着多付出一点，而对妹妹而言，她不仅拥有了爸爸妈妈的爱，还拥有哥哥的爱。

反思后，夫妻二人立即调整对两个孩子的教育方式，在遇到与哥哥相关的决策时，夫妻二人会积极征求大宝的意见，让哥哥参与到事情讨论当中来，树立家庭一员的责任感，在理解父母决策的同时，逐步培养他独立解决问题的能力。当然他们还会时不时安排他陪伴妹妹玩耍，在与妹妹一点一滴相处中，教会他如何当一位称职的哥哥。在逐步形成的和谐关系中，第一次做哥哥的他，慢慢地学会了如何照顾妹妹，并主动融入了拥有二宝的生活中来，外出会帮忙提母子包，回家会帮妹妹准备白开水，妈妈忙碌的时候还主动给妹妹喂饭，用"100分+五星"的爱滋养哥哥，其反射出来的爱远远大于了夫妻二人的想象，哥哥也在用"100分+五星"的爱，陪伴妹妹快乐健康成长。

打破"公平"魔咒

"妈妈，哥哥摸我头"

"妈妈，哥哥总是看着我吃饭"

"妈妈，为什么你要表扬哥哥不表扬我？"

"妈妈，我要最大的那个鸡蛋！"

……

每日都要面对妹妹一声声的投诉，这便是妈妈小宇近几年生活的常态。自从有了第二个宝贝，小宇便常用"法官"二字自居。家有两宝，不得不说真的是热闹非凡，两宝偶尔相亲相爱，大多是互掐互怼，争吵声、打闹声、投诉声此起彼伏，声声入耳。清官实属难断家务事，琐事真的是剪不断理还乱。面对妹妹无休止的投诉、哥哥发自肺腑的自辩，夫妻二人抠破脑袋也无解，万般无奈啊！

如何缓解"一日不见如隔三秋，日日相见日日战斗"的状态？夫妻二人阅读无数育儿书籍，力求在书本中找到答案。妈妈小宇发现，凡事有她在的日常生活里，哥哥像是着了魔一样，事事招惹妹妹，妹妹也像着迷似的，即便知道自己是鸡蛋碰石头，也要竭尽全力去拼搏。虽说兄妹二人相差八岁，但随着年龄的增长，目前已经升级到吃个饭都不清静的状态了。或许他们一直想证实，当争吵发生时，妈妈到底会更偏向于谁呢？

在总结无数次断案无果的惨痛经历后，小宇意识到，手心手背都是肉，帮谁都不太合适，有时候还会因为她的介入反而影响孩子们的判断。原本都端不平的一碗水，又何来的公平可言？

于是乎，夫妻二人商议后尝试着打破自定义的"公平"，正面引导两个孩子解决问题。例如在玩游戏时，妹妹总想着自己小，哥哥应该让着她，而哥哥却觉得，一个没有遵守规则的玩伴，不应该跟她再继续玩耍，面对两个宝贝的投诉，他们将两个孩子请到跟前，细细分析这种情况产生的后果——"妹妹，你玩游戏的时候，喜欢跟不遵守游戏规则的孩子一起玩儿吗？"妹妹摇摇头。"哥哥，如果你的哥哥时时都不想让着你，长期玩儿下去你还想跟他玩儿吗？"哥哥也摇摇头。"那你们自己协商一个彼此都能接受的方案，兄妹之间要看看谁最大度，最先找到与兄弟姐妹和睦相处的好办法。"孩子们停止了争吵，开始了属于他们的沟通。

心手相携　彼此相伴

养育二孩，累并幸福。虽然，家里时常硝烟弥漫，但也不缺乏温暖相伴。

一次，大宝因打球摔破了膝盖，回到家独自消毒擦碘伏时，二宝满脸担忧地走到跟前，心疼地问："哥哥，疼不疼啊？"一边说一边还贴心地给大宝轻轻地吹一吹。哥哥满脸宠溺地看着妹妹，笑了笑，说道："妹妹，有点疼哈，但是你给我吹了就不疼了。"第二日，哥哥因住校未能回家，晚上洗漱完毕的二宝躺在床上，渐渐入眠。突然她猛地一翻身，"鲤鱼打挺"式地爬了起来，焦急地说："糟糕，妈妈！""怎么了？"看着妹妹着急的表情，妈妈小宇连忙问道。"哥哥没回家哪有药擦膝盖啊？你为什么没给他送药去呢？"哦，原来是担心哥哥摔破皮的膝盖没人处理啊！她一再要求妈妈小宇给学校生活老师打电话，并叮嘱一定要告诉哥哥，晚上别碰冷水。当得知哥哥的生活老师同意处理伤口的信息后，她紧锁的眉头终于舒展开来，放心地躺下睡了。

那一刻，小宇突然明白了，有些东西，是父母无法给予的，这就是手足，这就是情深。即便父母再懂教育，即便有再多的时间陪伴孩子们，也代替不了孩子之间的相互陪伴与玩耍嬉闹。

案例分析

经过这些事之后，案例中的孩子们遇到问题，他们都会先站在对方的位置上进行思考，再进行沟通，最后再形成彼此都能接受的完美方案，久而久之习惯成自然，令人头疼的成长问题也就迎刃而解了。在案例中，午餐桌上是风平浪静，桌下则是暗潮涌动，一日三餐，桌下随时都在踢过来蹬过去，饭桌上随时还伴随着争吵声，哥哥一个劲地惹，妹妹一个劲地告状。对于孩子们的相处，没有绝对的公平可言，通常情况下，大家应选择做好自己，当然是在保证安全的前提下，只要不违背原则，父母不会偏袒于任何一方，实在是逼急了，父母便发表一下自己的观点，接着继续埋头吃饭。久而久之，他们也慢慢地磨合出了属于自己的沟通方式，饭桌战争也随着年龄的增长逐渐减少。当孩子们发生争吵时，父母尽量引导孩子们在彼此的包容与谦让之下，寻找彼此都能接受的最佳方案。当家长以旁观者的身份对待他们的纷争时，他们已俨然成为解决问题的主人翁，只要他们彼此协调沟通，也就不会出现父母处理不公而导致的不满情绪了。这既是相处能力的锻炼，也是社会交际的必修课程。试问，连兄弟姐妹都相处不好的孩子，又怎么能适应未来的学习生活呢？

当今社会，竞争激烈，不要因年龄大，便给大宝扣上"你是大的，你必须让着小的"的帽子，也不能给二宝灌输"你是小的你应该享受特殊待遇"的想法。平等对待他们，让他们学会在矛盾中相处，在生活中互相扶持。这便是手足情深的又一种诠释。

据多年的经验，大多数出生于多孩家庭的孩子适应能力往往强于独生子女家庭孩子。二孩家庭更有助于儿童在认知、交往、心理和社会方面的快速发展，在兄弟姐妹彼此成长的过程中，学会如何解决冲突、换位思考和处理情绪。打破"公平"的魔咒，给予孩子们平等交流的权利，也给予了他们信任、理解和自由的权利。

实操建议

正如亲子教育专家张雅莲所说：兄弟姐妹的相亲相爱，正是我们最开心，也是最想要看到的。为了建立更融洽的亲子关系，我们需要在与孩子们相处的过程中注意以下三点：

1. 用双倍的爱，浸润孩子健康成长

养育二孩的家庭，不要因为二宝的出生，而减少自己的付出，一定要记得给孩子们的爱做乘法，在生活中为孩子们营造融洽的氛围，只有在亲子关系融洽的氛围里长大的孩子们才敢表达自己的真实情绪。在生活中家长每时每刻都在给孩子们传递对他们的爱，在对待二孩的细节方面，家长也是尽量对两个人公平，即便偶尔有点不尽如人意，但好在孩子们始终相亲相爱，还要警惕"小大人症候群"的出现，在交流中尽量多听大宝的意见，让大宝参与商讨之中，树立大宝家庭责任感，不要用"你是哥哥/姐姐，要懂事，弟弟/妹妹还那么小，你要让他""你要当弟弟妹妹的好榜样，不能太自私，要学会分享"等话语绑架大宝。父母陪伴孩子的时间始终有限，而手足的陪伴时间则会更长久！二孩家庭最好的沟通，莫过于父母给予大宝足够的爱，让这样的爱经由大宝流向二宝，被爱包围的生活一定是其乐融融的。

2. 接纳孩子"嫉妒心"，引导孩子正确处理矛盾

在与孩子们相处时，要充分接纳孩子们的"嫉妒心"，允许"嫉妒心"的产生，在孩子们发生矛盾时，有的孩子选择隐忍，而有的孩子选择爆发。

例如，暑假里外出旅游，妹妹随时都在吃"飞醋"，总觉得给哥哥买的就是最好的，殊不知自己每次买礼物比哥哥贵多了。在培育二孩的过程中，除了要培养他们共性，还要引导他们的个性发展，父母面对手心手背的艰难选择，站出来帮任何一方都会引起对方的不适。既然这样，那就打破自定义的"公平"，父母尽量不要插手参与孩子们的纷争，多鼓励孩子们互相交流，在不违背原则的情况下，鼓励他们自己解决，在得到圆满解决后，及时为孩子们进行梳理总结，树立正确的价值观和人生观。

同时，尽量避免孩子之间的互相告状，要相信孩子之间有自己处理问题的默契和能力，遇到问题时，家长只要做好恰如其分的引导，鼓励孩子之间积极正面沟通即可。

3. 允许孩子犯错，建立良好亲子关系

在孩子们成长的过程中，难免会犯错，在面对孩子的犯错时，家长一定不要用暴跳如雷来解决问题，这样反而扼杀了主动交流的好时机。大家尝试用柔和的方式与孩子有温度的沟通，从而引导孩子正确理解父母的教育方式，并发自内心配合。放眼望去，天下哪有不犯错的孩子，试着回忆当年的自己是否也如此呢？孩子的成长离不开家长对他的信任与包容。当孩子们有安全感地自我表达，且能够充满信任地自主沟通时，这既给足了孩子们自由生长的底色，也赋予了孩子们个性发展的本色，更因为有爱与陪伴滋养孩子们生长的亮色。

所谓父母之爱子则为之计深远！家庭教育是一个漫长的旅程，在孩子不断长大的过程中，家长也应该随着孩子一起长大。有人曾说，家有二宝是一种幸福，手足情深也是一种恩爱。正是因为有了兄弟姐妹的陪伴，孩子在成长的道路上少了害怕，多了心安，少了孤独，多了温暖。

让我们陪伴孩子们渐渐长大，让他们拥有爱的归属感，让兄弟姐妹的陪伴成为他们成长道路上甜蜜的负担，愿他们心手相连，永远相亲相爱。

第三节　定制专属特别的爱

家长的困惑

家庭结构的改变，如同一颗投入平静湖面的石子，泛起层层涟漪，波及家中的每一个成员。对于单亲或重组家庭的家长们而言，这变化带来的不仅是生活节奏的调整，更是教育与关爱孩子方面的全新挑战。

当婚姻出现问题的时候，父母不得不分开，这个时候作为单亲家长，如何引导孩子积极面对这一现实，并且正确处理亲子关系，成了单亲家长最忧心的事。

由于父母其中一方长久地缺席，另一方很难通过自己去弥补对方的缺失，

这对于很多孩子来说，伤害无疑是最深的。可单亲家长遭遇这样的问题，实属无奈。唯有带孩子积极去面对和恰当地处理亲子关系，才能将对孩子的伤害减到最小。那么，单亲家庭的父母应该如何正确引导孩子积极面对这一现象呢？

关键词解读

在单亲家庭中，**特别的爱**是一种有针对性、个性化且充满智慧与关怀的爱，主要体现在以下方面：给予充分的情感支持、注重孩子的心理建设、培养孩子的独立能力、创造丰富的社交环境。

育儿实践案例

破碎的水晶球

小蒋来自一个特殊的单亲家庭，他的妈妈因身体原因不幸离世。妈妈生前送给小蒋的水晶球，成为他内心深处妈妈陪伴的象征，他每日都小心地拿着。然而，一次意外让水晶球摔碎了，小蒋无助地向父亲求助。那时的父亲正沉浸在丧妻的巨大悲痛中，繁重的事务又让他无暇顾及小蒋的需求，这使得小蒋逐渐变得孤僻起来。即便后来父亲意识到问题，尝试安慰，效果也不尽如人意。尤其是父亲再婚之后，小蒋与他之间的关系愈发疏远。

起初，小蒋爸爸对家庭教育不够重视，随着小蒋的问题日益严重，他才深刻意识到问题的严重性，决心帮助小蒋化解内心的矛盾，助力他健康成长。毕竟，在所有亲子关系中，重组家庭的亲子关系处理起来难度颇高，常有人感慨"后妈""后爸"难当。对于重组家庭的孩子而言，原生家庭的破裂本就是一次沉重的创伤，新家庭的组建又带来了人生的又一次重大变故。在这场变化中，孩子往往处于被动地位，而夫妻双方都渴望新的婚姻幸福美满，亲子关系亲密无间。

小蒋爸爸和继母工作繁忙，很少有时间顾及家庭，导致小蒋与父亲之间缺乏面对面的交流机会。但要想让重组家庭和睦，亲生父母的角色至关重要，这是孩子打开与新家庭交流大门的关键。小蒋爸爸充分发挥亲生父亲的优势，主动了解小蒋的爱好，利用闲暇时间陪他玩耍，努力打开孩子紧闭的心门。同时，小蒋爸爸和继母在日常生活中给小蒋制造惊喜，上学接送、节假日一起看电影、旅游等。继母还精心粘好了妈妈送给小蒋的水晶球，上面装饰着漂亮的花朵，并温柔地告诉小蒋，妈妈的爱会一直陪伴着他，就如同这颗水晶球。想起妈妈送水晶球时说对着它许愿梦想会成真的话，小蒋不禁热泪盈眶。在这些细微的生活点滴中，小蒋真切感受到了父亲和继母的爱，也重新体会到了母亲的爱以及家人亲情的温暖，原本破碎且封闭的内心逐渐被打开。

此后，小蒋爸爸和继母抱着积极学习的态度，努力做出改变。一段时间后，孩子与他们之间的关系明显改善。小蒋爸爸尊重小蒋的建议，深入理解他的内心世界，帮助孩子主动敞开心扉。在父亲的努力下，小蒋在新家庭中找到了安全感，与继母相处得更加和睦，性格也变得开朗阳光。

离异父母的共同担当

李先生和王女士曾经是夫妻，他们有一个 8 岁的儿子小明。由于工作等原因，两人无法继续共同抚养小明，离婚后小明成为单亲家庭的孩子。意识到离婚对小明造成了心理困扰，李先生和王女士决定积极履行父母的责任，为小明创造稳定的成长环境。

他们通过定期沟通，确保教育方针一致，相互支持对方对小明的教育决策。每周轮流照顾小明，保证他与父母双方都能保持密切的亲子关系。同时，李先生和王女士鼓励小明与双方保持联系，并创造机会让双方共同参与小明的生活，如一起参加学校活动、生日派对等。最重要的是，他们鼓励小明表达自己的感受，耐心倾听他对另一方的思念或困惑，通过正面引导和理解，帮助小明逐渐接受现实，建立与另一方健康的纽带关系。

案例分析

通过解读案例"破碎的水晶球"中小蒋的故事，我们可以发现，在与孩子日常相处的过程中，不管是亲生父亲还是继母，都不要推开孩子，更不要防备孩子，孩子也能感受到大人的真诚，亲生父母更应该如此。只有这样做，才能让重组家庭的孩子产生安全感，在新的环境中逐渐意识到他是被爱的，哪怕亲生母亲已经去世，但仍旧有一个像妈妈一样的人能够爱我，关心我。同时，在和睦相处时还要多给孩子制造惊喜。孩子心理比较稚嫩且敏感，并且不懂得表达内心的情绪，才会做出一些怪异行为和反叛行为，目的是获得亲人的关心和爱，所以，家庭氛围就显得尤为重要。并且改变孩子的行为，并不是短时间内就可以完成的，需要父母一起努力。在小蒋的案例中我们可以发现，只要父母对孩子不抛弃、不放弃，不断地学习改变，孩子的未来一定会更加美好。

案例"离异父母的共同担当"生动展现了单亲家庭中父母如何履行责任，帮助孩子处理与另一方的关系。李先生和王女士通过积极沟通、共同制定教育方针、分担照顾责任，为小明营造了稳定的成长环境。他们鼓励小明与双方保持联系，并通过共同参与家庭活动增强亲子关系。这种做法有助于小明建立健康的家庭纽带，减少单亲家庭可能带来的心理困扰。

上述案例提醒我们，无论是双亲家庭还是单亲家庭，父母的责任和关爱对孩子的成长至关重要。父母应共同努力，为孩子提供稳定的成长环境，帮助他们处理与另一方的关系。单亲家长要重视孩子的情感需求，给予足够的陪伴和关爱，让孩子在充满爱的环境中成长。同时，家长要不断学习提升教育能力，以更好地应对孩子成长中的各种问题。

实操建议

1. 父母如何承担起单亲家庭模式下的责任

（1）满足孩子物质需求，构建稳定家庭基础

在单亲家庭中，父母作为唯一的经济支柱，需确保孩子的基本生活需求得到充分满足。这包括提供稳定的住所、营养的饮食、合适的衣物，以及医疗和教育方面的支持。父母可通过制定合理的预算和理财计划，保障家庭经济的稳定，为孩子提供坚实的物质后盾。此外，单亲家庭的孩子可能因家庭结构变动等因素产生情绪问题，父母应深入了解家庭环境对孩子情绪的影响，尽力营造一个稳定、安全的家庭氛围，如保持规律的作息时间，打造整洁温馨的家居环境，让孩子内心感到安心和放松。

（2）给予情感关怀，满足孩子情感需求

单亲家庭的孩子在情感上往往面临更多挑战和困扰，父母要给予他们充足的关爱、支持与理解。父母通过耐心倾听孩子的心声，与他们建立深厚、亲密的关系，让孩子真切感受到自己被重视、被爱。陪伴是表达爱的重要方式，父母应尽量每天安排专门的时间与孩子相处，如一起用餐、玩游戏或看电影等，以此增进亲子间的情感联系，让孩子在爱的滋养中成长。

（3）肩负教育责任，助力孩子全面发展

父母要为孩子营造良好的教育环境，助力他们的学习与成长。可与孩子共同制定学习计划，鼓励他们树立明确的学习目标，并提供必要的学习资源和支持。同时，注重培养孩子的兴趣爱好，鼓励他们参与课外活动，促进其全面发展。此外，单亲家庭的孩子可能面临学业压力、学习困难等问题，父母应及时提供适当的学习支持，如辅导或心理咨询服务，帮助孩子克服学习上的困难，缓解情绪问题。

2. 单亲家庭一方家长如何帮助孩子处理与另一方家长的纽带关系

（1）鼓励沟通，维系亲子情感纽带

父母应鼓励孩子与另一方保持良好的沟通，无论是电话、视频聊天还是面对面交流。父母可协助孩子制订定期的沟通计划，让亲子关系得以持续连结。同时，父母给予孩子支持和鼓励，让他们在与另一方交流时感到安全和舒适。

（2）倾听心声，理解孩子内心感受

父母要认真倾听孩子对另一方的感受和想法，鼓励他们表达自己的情感。通过积极的对话，父母要主动帮助孩子实现对另一方的情感需求，并在过程中时刻关注孩子的感受，助力孩子健康成长。

（3）解释处境，培养孩子理解宽容

父母可与孩子一起探讨另一方的情况，帮助他们理解另一方的处境和困难。向孩子解释单亲家庭形成的原因，让他们明白另一方的决定并非针对自己，即使父母分开，对孩子的爱也不会改变。同时，鼓励孩子培养宽容和理解的态度，促进与另一方家长和谐相处。

（4）提供支持，给予情感安慰陪伴

父母要在情感上给予孩子充分的支持和安慰，让他们感受到被爱和关心。

鼓励孩子表达情感，并适时给予安慰和安抚。此外，帮助孩子寻找合适的资源和支持，如另一方的亲友、专业心理咨询师或单亲家庭支持组织等，助力他们更好地处理与另一方的关系。

（5）以身作则，树立和谐相处榜样

父母要通过自身的行为，向孩子展示与另一方和谐相处、相互尊重的方式。一方家长应避免在孩子面前抱怨或批评另一方，以积极的态度和行为处理与另一方的关系。家长应鼓励孩子模仿这种行为，培养他们宽容、理解和尊重他人的能力。

3. 重组家庭如何帮助孩子重塑亲子关系

（1）搭建沟通桥梁，促进家庭和谐交流

在重组家庭中，父母应鼓励家庭成员之间进行开放、尊重的沟通。定期举行家庭会议，为每个人提供表达意见和感受的机会。父母认真倾听孩子的心声，尊重他们的想法和需求，共同制定家庭规则和决策。父母通过建立良好的沟通渠道，减少误解和冲突，促进亲子关系的重建。

（2）增进亲子互动，培养家庭情感联结

父母可组织丰富多彩的家庭活动，如户外郊游、健身运动、做饭等，鼓励家庭成员之间积极互动，增强情感联系。同时，鼓励孩子与继父母、继兄弟姐妹建立良好的互动与合作关系，培养家庭的亲密感和团队精神。

（3）营造稳定环境，助力孩子心灵修复

重组家庭的孩子可能经历过离异或丧偶的情感创伤，需要一个稳定的环境来适应新家庭。父母应确保家庭规则和纪律的一致性，给予孩子情感上的支持和安全感，帮助他们逐渐走出创伤，融入新家庭。

（4）积极参与生活，建立亲密亲子关系

继父或继母可通过参与孩子的学习、兴趣爱好和日常生活等活动，与孩子建立紧密的亲子关系。同时，分享自己的经历和情感，加深与孩子的情感联系。

（5）鼓励坦诚表达，深入沟通情感困惑

重组家庭的孩子可能内心充满情感和困惑，父母应营造一个安全的环境，鼓励他们表达自己的感受，并给予充分的尊重。同时，父母也应与孩子分享自己的感受和想法，促进更深入的沟通。

（6）确立共同目标，凝聚家庭价值共识

父母应与孩子共同制定家庭的规则和价值观，并齐心协力实现这些目标。这有助于增强家庭的凝聚力和归属感，促进孩子与继父或继母建立亲密关系。

（7）尊重个性需求，给予时间适应转变

父母应充分尊重孩子的感受和需求，尽力满足他们的基本需求。重组家庭的孩子可能对新的亲子关系感到困惑和抵触，父母需给予他们足够的时间和空间来适应和接受新的家庭成员。

在重组家庭中，父母往往需要承担双重责任，既要扮演好父亲的角色，也要扮演好母亲的角色，让孩子感受到家庭的温暖和爱。给予孩子足够的支持和关爱，为他们创造一个和谐幸福的家庭氛围，是促进孩子健康成长的关键。

总之，无论是单亲家庭还是重组家庭，父母都应尽力为孩子营造一个稳定、温暖、支持的家庭环境，给予他们足够的关爱和关注，建立良好的沟通和互动，帮助孩子适应新的家庭结构，促进他们的成长和发展。此外，鼓励孩子积极参与社交活动，培养人际交往能力和自信心，对孩子的心理健康发展也具有重要意义。

第四节　校准情绪刻度盘

家长的困惑

在小学阶段，家长常常面临这样的场景：孩子因为橡皮被同学碰掉而暴跳如雷；做作业时遇到难题突然摔笔哭闹；被老师批评后整整三天拒绝交流……这些情绪波动背后，折射出儿童情绪发展的关键特征：杏仁核（情绪中枢）发育早于前额叶皮质（理性中枢），导致情绪控制能力滞后于情绪感知能力。

《2022 年青少年心理健康状况调查报告》显示，7~12 岁儿童中 68% 存在情绪调节困难，主要表现为：

·情绪识别模糊（分不清生气和委屈）。

·情绪表达错位（用攻击替代沟通）。

·情绪持续时间过长（超过 30 分钟无法平静）。

家长常见的教育误区包括：

·压制型："不许哭！再闹就把你关进小黑屋！"

·说教型："这点小事有什么好生气？"

·转移型："给你买冰激凌，别哭了行不行？"

这些方式可能导致情绪记忆固化或情绪表达压抑，甚至引发躯体化症状（如胃痛、失眠）。

关键词解读

我们可以构建情绪认知体系，具体如下：

1. 情绪 ABC 理论

情绪 ABC 理论是由心理学家阿尔伯特·埃利斯（Albert Ellis）于 1957 年提出的认知行为疗法核心理论。该理论三要素的逻辑关系是：诱发事件（activating event）→信念（belief）→结果（consequence）。例如，铅笔折断（A）时，孩子认为"全世界都针对我"（B），导致崩溃大哭（C）。父母帮助孩子改变 B 阶段的认知是关键。

2. 镜像神经元系统

镜像神经元系统是由意大利神经科学家贾科莫·里佐拉蒂（Giacomo Rizzolatti）团队于 20 世纪 90 年代在研究猕猴大脑时首次发现。镜像神经元是一类特殊神经元，当个体自己执行动作或观察他人执行相同动作时均会被激活。其活动具有"镜像"特性，即将观察到的行为映射到自身的运动系统中。由此，儿童通过模仿父母处理情绪的方式形成神经回路。当家长深呼吸平复情绪时，孩子大脑会"镜像学习"这种调节模式。

3. 情绪颗粒度

情绪颗粒度是由心理学家丽莎·费尔德曼·巴雷特（Lisa Feldman Barrett）提出的概念，指个体辨识和描述情绪的精细程度。高情绪颗粒度的人能够区分细微的情绪差异，例如将"快乐"细分为满意、愉悦、兴奋等，而低情绪颗粒度者往往只能用笼统的词汇（如"开心"或"不开心"）概括感受。能准确说出"我感到失望而不是愤怒"的孩子，情绪调节能力比同龄人高40%（耶鲁大学儿童研究中心，2020）。

4. 情绪调节窗口期

情绪升级存在3分钟黄金干预期：

·0~0.5分钟：生理唤醒阶段（心跳加快、肌肉紧绷）。

·0.6~2分钟：认知评估阶段（产生"我被欺负了"等想法）。

·2.1~3分钟：行为反应阶段（攻击、逃避或僵住）及时干预可避免情绪海啸。

育儿实践案例

愤怒的小刺猬——当胜负欲撞上挫败感

半夜两点的月光透过窗帘缝隙，在围棋棋盘上投下一道冷白的裂痕。8岁的小昊蜷缩在书桌前，iPad屏幕里反复播放着同一段棋局录像。"爸爸说征子失误会毁掉整盘棋……"他咬着指甲喃喃自语，指尖因过度滑动屏幕而发红。这是比赛前的第三个不眠夜。

在比赛现场，当对手的白子"咔"地落在十九路棋盘的第147手时，小昊的瞳孔猛地收缩——他漏看了这个致命的"倒脱靴"。监控录像显示，他的右手开始以每秒3次的频率捶打大腿，呼吸声粗重得像破旧的风箱。"黑方认输！"裁判话音未落，棋盘已在他掀翻的力道下腾空而起，玉石棋子雨点般砸向评委席。

"输不起就别玩！"爸爸的怒吼在走廊回荡。那天深夜，消防通道的安全门后传来压抑的呜咽，小昊把脸埋在膝盖间，喉结滚动着吞咽羞耻："我就是个废物……"

转机发生在心理咨询室泛着木香的茶桌前。当爸爸颤抖着点开手机里尘封的视频——27岁的自己正在全国赛上抓狂扯头发："又犯了征子错误！"小昊的眼泪突然决堤："原来爸爸也会输？"

从此，父子俩的围棋复盘多了本"进步手札"，泛黄的纸页上歪歪扭扭写着："今天发现李老师用了'金鸡独立'战术，虽然输了但学会新招！"三个月后的区级赛颁奖台上，小昊举起铜牌时眼睛亮晶晶的："这次失败价值80分，因为它教会我三种新定式！"

沉默的含羞草——当语言暴力化成内伤

朵朵的粉色书包里藏着个带锁的夹层，里面躺着用妈妈口红写的字条——"消失就好了"，字迹被泪水晕染成凋谢的玫瑰。自从被喊"面包超人"，这个9岁女孩开始把午餐偷偷倒进教学楼后的灌木丛，即便胃部痉挛成皱缩的纸团也不肯进食。

心理辅导室的沙盘泄露了秘密：七个小黑人偶被深埋在沙丘底部，旁边插着支塑料向日葵，花瓣上刻满指甲掐出的裂痕。"它们在睡觉。"朵朵的声音轻得像飘落的蒲公英，"永远不要醒过来。"

创伤记忆在催眠治疗中浮现：5岁生日宴上，她打翻果汁弄脏白纱裙，表舅指着她圆鼓鼓的小肚子大笑："活像只小花猪！"满屋大人的哄笑化作毒刺，从此只要感受到目光，她的皮肤就会泛起灼烧般的红疹。体检报告显示，这个瘦到28公斤的女孩，皮质醇浓度竟是常人的1.8倍。

转机始于舞蹈教室的木质地板。当朵朵在巴西战舞课上第一次完成侧空翻，教练突然单膝跪地："恭迎面包超人发射美味光波！"全家启动"外号改造计划"——妈妈把"胖妞"重新定义为"拥有云朵般治愈力的公主"。三个月后的校园才艺节，朵朵腾空踢出的"雀式回旋"划破空气，曾经讥笑她的男孩瞪圆眼睛："原来面包超人……真的会飞啊！"

情绪过山车——当作业困难引发自我怀疑

阳阳的错题本像是经历了一场飓风——第23页的奥数题处，橡皮擦痕深得能嵌进半粒米。那个周五傍晚，他盯着题目突然抓起作业本，"嘶啦"的裂帛声惊飞了窗台上的麻雀。纸片雪花般扑向水晶吊灯时，妈妈正倚在门框上默数：太阳穴血管跳动12次/分钟，指甲深深掐进掌心，但倔强的泪水始终悬在眼眶打转。

10分钟后，妈妈抱着泛黄的大学笔记本现身："看这道'魔鬼题'，它上周差点让我把咖啡浇在键盘上。"发脆的纸页上，年轻时的她用红笔给题目画上獠牙，旁边标注："此怪兽吞噬了我三个汉堡！"阳阳"噗嗤"地笑出个鼻涕泡，从此他的书桌多了套"战甲"：心率手环在数值飙红时自动播放战歌，彩弹枪专门扫射被征服的"题怪"。

在半年后的家长开放日，阳阳指着贴满"战利品"的荣誉墙介绍："这道数列巨兽折磨我六小时，但证明我比想象中顽固十倍！"墙角的玻璃罐里，彩弹壳碎片正折射着彩虹般的光。

案例分析

案例"愤怒的小刺猬——当胜负欲撞上挫败感"启示：前额叶皮质在激烈情绪中会暂时"掉线"，此时讲道理如同对断网电脑输入指令。研究显示，被当众训斥的孩子，3天后对事件的情绪记忆强度是私下沟通的2.3倍。父亲的否定加剧"战逃反应"，而按压合谷穴通过触觉刺激激活副交感神经，可以使心率在90秒内下降15%。

案例"沉默的含羞草——当语言暴力化成内伤"警示：2023年出版的《儿童心理医学》指出，未被识别的情绪问题转化为躯体症状的概率高达57%。朵朵的沙盘投射揭示其自我价值感崩塌，而巴西战舞的肢体伸展能刺激内啡肽分泌，比单纯语言安慰有效3倍。

案例"情绪过山车——当作业困难引发自我怀疑"示范：母亲采用的"情绪同步"策略激活镜像神经元，等待10分钟使孩子皮质醇水平下降，用"魔鬼题"外化困难符合叙事疗法原理。数据显示，具象化表达使孩子坚持解题时间延长40%。

实操建议

我们可以锻造情绪调节的"工具箱"，具体如下：

1. 生理调节优先

（1）"5-4-3-2-1"基础训练法：让孩子说出5种颜色→4种触感→3种声音→2种气味→1种味道。

（2）生物反馈训练：佩戴心率手环，数值超110次/分钟自动播放《雨声冥想》等白噪声。

2. 认知重构策略

（1）情绪拆弹游戏：把"我讨厌数学"改写为"我要驯服第 3 号数学怪兽"。

（2）家庭错题博物馆：用荧光笔标注"曾经打败过我的难题"，配插画记录攻克过程。

3. 校园协同方案

（1）秘密手势计划：与老师约定"摸耳朵=需要深呼吸 5 分钟"的逃生暗号。

（2）情绪急救包：含薄荷糖（味觉安抚）、微型沙漏（视觉专注）、家人照片（安全感锚点）。

4. 家庭系统支持

（1）火山爆发协议：当任何人说出暗语"岩浆到达火山口"，全家立即启动 15 分钟静默时间。

（2）情绪发布会：每周用角色扮演重现冲突，孩子担任"情绪侦探"分析事件。

我们需要知道，情绪不是需要消灭的"敌人"，而是需要理解的生命信号。每个家庭都应成为情绪教育的启蒙课堂——当父母能坦然接纳自己的喜怒哀乐，孩子便学会了与情绪共处的智慧；当家庭拥有安全的情绪表达空间，孩子便获得了自我调节的珍贵能力。从深呼吸的瞬间暂停，到"情绪温度计"的具象表达，这些看似简单的工具背后，是终身受益的情绪素养。记住，我们教育孩子管理情绪的过程，本质上是在培养他们认知世界、理解人性的重要途径。当父母率先成为情绪的主人，不仅为孩子树立了最好的榜样，更是在家庭中播撒下心理健康的第一粒种子。情绪管理没有终点，它是伴随生命成长的必修课，也是我们能为孩子准备的最温暖的人生铠甲。

夜深人静时，或许作为家长的您会想起这些天的阅读：那些关于爱的表达、隔代冲突的化解、手足相处的智慧，还有单亲重组家庭的重建勇气。

记得吗？我们说过，父母相爱不是童话，而是给孩子最好的"安全感说明书"；祖辈的参与不是负担，而是需要巧妙分工的"教育合伙人"。在多孩家庭里，与其追求绝对公平，不如教会孩子"爱的乘法"——大的孩子学会承担责任，小的孩子学会感恩，而父母只需做稳稳托住他们的"安全网"。至于那些特殊结构的家庭，您看，破碎的水晶球也能被爱黏合成更美的模样。

教育没有标准答案，但爱有共通的语言。当您开始用"情绪刻度盘"观察孩子的眼泪，用"家庭会议"倾听不同的声音时，和谐生态的种子已然生根。未来的路还长，但请相信：您为家庭投入的每一分用心，都会在孩子眼中化作星辰，照亮他们的一生。

明天太阳升起时，不妨给孩子一个拥抱，然后笑着说："我们一起慢慢学，慢慢爱。"

第三章

规划学业　持续兴趣

在成长旅程中，每一颗幼小的心灵都藏着无尽的奥秘与潜能，如同星空下待发掘的宝石。本章将引领您走进孩子的世界，以细腻的观察和智慧作引导，规划好孩子的学业，让学习之路既坚实又充满乐趣；持续点燃并呵护孩子内心的兴趣之火，让这份热爱成为成长的不竭动力。让我们携手探寻学业与兴趣的融合之道，让孩子的每一步成长都踏着兴趣的节拍，奏响学业的华章。

第一节　孩子性格解密

家长的困惑

为什么小孩不愿意与自己的父母交流？父母应该怎么和孩子进行有效沟通？这些是家长们很关心的话题。

大部分家长都在用自己认为对的方式，企图与孩子建立良好的沟通和连接。但是，不当的沟通方式却不能有效地和孩子同频对接，很多家长也因此情绪失控，甚至会打骂孩子。这样做并不能解决任何问题，要想与孩子建立良好的沟通，首先要了解孩子的性格特征。

关键词解读

性格在心理学中被定义为：一个人对现实的稳定的态度，以及与这种态度相应的，习惯化的行为方式中表现出来的人格特征。通俗地说，性格就是一个人在生活中慢慢形成对人、对事、对物的处理态度。受成长环境的影响，也会形成人格的差异化，这种差异化就是性格。对不同性格的人采取不同的对应方式，能有效提高沟通效率。

孩子的性格大致被分为五种，每种都有不同的性格特点。本节将解密如何与这五种性格的孩子进行有效沟通。

育儿实践案例

兴趣是最好的老师

李想（化名）是一名四年级的学生，他成绩优异，各方面表现都很好。这和妈妈对他的引导密不可分。从上一年级开始，因为妈妈工作的原因，很少能陪伴在他身边，所以他上小学后主要是和爸爸一起度过的。但由于从小和妈妈待在一起，妈妈对他的性格特征非常了解，因此他和妈妈相处起来会更加融洽。

在爸爸的陪伴下，他变得敏感，动不动就与爸爸发生争吵。他认为爸爸总是会强制要求他按照自己的方法来做事，对他说话也总是用命令语气，完全不尊重他的意见。

李想认为已经会做的题，再重复做没有意义，可以把多出来的时间用来锻炼和放松。但爸爸认为反复做题可以巩固温习，甚至错一道题就会罚李想重写所有的题。这让李想的课余时间都被作业占据了，几乎没有自由活动的时间。每每想到这些，李想就很沮丧。

为了应付爸爸，李想想到了一个办法，每天先偷偷地玩，等到爸爸来催的时候才开始做作业，这样做完作业时间就很晚了，爸爸就不再让他做额外的练习，会让他睡觉了。

可是，长期的睡眠不足导致李想上课注意力不集中，错过了老师讲解的重要知识点，导致学习退步。这让李想总是被父亲严厉训斥。久而久之，李想就失去了对学习的兴趣，甚至一副破罐破摔的样子。

后来，李想的妈妈因工作调动，有了更多的时间陪伴李想。妈妈是一位优秀的倾听者，她愿意听取孩子的内心的想法，也敢于适当放手，让已经四年级的李想拥有自主学习和成长的空间。李想在妈妈的引导下，慢慢重拾对学习的信心和对生活的热情，并且养成了随手记录的习惯，这对他的写作能力的提升有很大的帮助，多次参加征文比赛都取得了优异的成绩。

李想妈妈和爸爸的教育方式不同，妈妈知道李想是一个有思想且独立意识强的人，不希望被支配，更愿意自主安排自己的学习和生活。妈妈善于从旁引导和协助，而不会替孩子做决定。

每一颗种子都值得被期待

王星（化名）是一个 9 岁性格活泼好动的孩子，他总也静不下来，这让他的学习成绩在爸爸妈妈看来并不理想，未达到他们的期望。

在班上，王星乐于助人，与同学团结友爱，是老师得力的小助手。回到家里，他做家务也十分积极，爷爷奶奶因此觉得他是个懂事的孩子。然而，爸爸妈妈对此却有着不同的看法，他们认为孩子学习成绩不理想，将来就难有出息，甚至固执地认为成绩好才是唯一的出路，成绩不好就处处不如人。所以，他们很少夸赞王星，更多的是批评，希望他能在学业上取得好成绩。

但爷爷奶奶却觉得没必要这么苛刻，当父母不在家时，他们会偷偷给王星放松的时间。然而，这过长的娱乐时间让王星在学习上投入的时间太少，导致他的学习成绩进一步下滑。

王星并没有意识到这样做不妥，他反而更加放松了学习，把时间和精力都花在了其他爱好和娱乐上。只要不学习书本知识，他就仿佛找到了天堂，总是沉浸其中、无法自拔。渐渐地，他的学业落下了，学习成绩一直垫底，他也因此变得不自信起来。

幸运的是，爸爸妈妈及时发现了这一现象，并做出了调整。他们改变了自己的观念，在督促王星学习的同时，也开始认可他在其他方面的发展，并鼓励他不断探索。经过一段时间的调整，他们发现王星不仅在学习方面取得了很大的进步，而且动手能力也超强，他还荣获了手工比赛一等奖。

案例分析

从上述两个案例中，我们发现：要与孩子有效地沟通，首先必须深入了解孩子的性格特点。只有当父母真正掌握了孩子的性格特质，才能依据其自身优势，去发掘并培养他们的特长。一旦家长触碰到孩子内心真正感兴趣的东西，就能激发他们的热情，使他们愿意跟随家长的节奏一起行动起来。这是建立良好沟通的关键所在。

回顾以上两个案例，当父母愿意换位思考，站在孩子的角度去看待事情时，孩子的行为其实并不难理解。而且，根据孩子的不同性格特点去发掘他们的潜能，对于帮助孩子找到自身擅长的方向、培养他们的自信心以及形成积极面对事情的态度，起到了至关重要的作用。

实操建议

每个孩子都有其独特的性格特点，通常可以分为五种基本类型：活泼开朗型、内向安静型、自信坚强型、敏感细致型、积极进取型。对于不同性格类型的孩子，如何有针对性地引导，才能培养并发展他们的兴趣特长呢？

1. 活泼开朗型

活泼开朗型的孩子大多给人留下积极、能量十足的印象。他们喜欢交朋友、善于沟通、善于表达自己的内心感受。这类孩子对周围的事物和人都有强烈的好奇心，喜欢主动尝试新鲜事物，并且富有创新精神。这类孩子对社交比较感兴趣，和人沟通时，能轻易和对方连接，从交流中去学习，甚至获取能量。

小芳是一名五年级的活泼学生，喜欢跳舞且成绩优异，但因生理期不适错过重要比赛，成绩有所下滑。心理上的失落使小芳近期无心学习，父母却认为是因为她太痴迷于跳舞，而耽误了学业，指责她不务正业，所以不允许她再跳舞。这导致她情绪崩溃，整个人都失去往日活力，变得郁郁寡欢。

这个故事中原本性格活泼开朗的孩子，在遇到挫折和家人的不理解时，性格发生了翻天覆地的转变。因此，家长不可一意孤行，认为只有学习书本知识才有价值。家长给孩子提供发展性格特质的空间，让孩子从中获取能量，才有源源不断的动力。一旦父母扼杀了孩子获取能量的来源，就意味着他的能量即将枯竭。这也是孩子性格突然反向转变的原因之一。

这类孩子需要被鼓励和赞扬，需要感受到自己的重视和关爱。在教育上可以采用轻松有趣的方式，通过游戏、音乐、舞蹈等方式来增强他们的学习兴趣。同时，家长要帮助他们提高自我管理能力，让他们通过内驱力和外在的认同感，来获取源源不断的力量，让他们像向日葵一样向阳而生。

2. 内向安静型

安静内向型的孩子，通常比较腼腆、敏感、不爱讲话。这类孩子比较内向，对细节比较敏感，注重自己的内心感受。

他们通常表现出来的情感是沉静、细腻和深刻。这类孩子喜欢独处，不太喜欢和人交往。但这并不意味着他们就不懂事，这类孩子做事情往往比开朗型孩子更加专注，并且做一件事情，会要求极致的完美，但他们的性格大多执拗，很多时候不太能听进去别人的意见或者建议，在外人看来会表现得一意孤行。

所以，这类型的孩子，往往会给人很大的惊喜，因为他们大多数时候都是在默默地思考，逻辑思维强，但内心的想法多，以至于他们外表看起来很安静。

但有时候，家长就会觉得自己的孩子不懂礼貌，不擅长交际，为孩子长大后的人生感到焦虑，甚至会强制要求孩子去积极社交，强迫孩子变得开朗活泼，可这种反天性的教育，可能会适得其反。

家长可以从孩子的兴趣出发，提供静态、有内涵的活动，让孩子能够自由发挥自己的想象力和创造力。比如，让他们发展阅读、书法、手工制作、做小实验、电脑编程等特长。让他们在兴趣中寻找学习的乐趣，释放压抑在内心的想法，去弥补语言上的不足。

3. 自信坚强型

自信坚强型的孩子，通常在面对困难和挫折时，能够保持乐观和自信，不易放弃。这类孩子通常自尊心比较强，独立性也很强，有较高的自我控制力和自我调节能力。他们更注重自我表现和成就感，需要一些具备挑战性的活动，来激励他们展示自己的才能。

这类孩子可以发展一些经常能有比赛的特长项目，会让他们越挫越勇。比如动态类活动（如篮球、足球、排球等）和静态类活动（如数学竞赛、征文比赛等），都能激发他们不服输的性格，能让他们消耗掉多余的能量，并且在取得成绩后，更加稳健地发展。这也能让他们保持一颗积极向上、不自大的心，并且保持不断进取的精神。

4. 敏感细致型

敏感细致型的孩子，通常比较细心、注重细节，对事情的发展变化比较敏感，具有较高的观察力和感知力。这类孩子比较容易受到周围环境的影响，对人情世故有较强的敏感度。

他们往往更注重细节，比较感性，共情能力很强。需要注意的是这类型的孩子，容易发展成讨好型人格。他们观察力极强，往往能注意到周围的人需要什么，并且乐于为身边的人服务，并且这种行为是潜意识存在的。

他们最害怕别人不喜欢自己、不认可自己，也会因此感到焦虑，严重的甚至会抑郁。对于这类孩子，一定要特别注意他们的心理健康发展，他们更需要被鼓励和表扬，要让他们感受到自己的付出和努力是被认可的。

在教育上，可以采用严格但温和的方式，通过关注他们的进步、发掘他们的才能和特长，来提高他们的自信和自尊心。同时，家长需要避免对他们的过度要求，让他们有足够的时间和空间去体验生活。

细致型的孩子心思细腻，通常能关注到别人注意不到的细节，适合发展口才训练、诗歌、写作、画画类等特长。通过这些特长去展示自己的内心世界，也能给情绪多了一道宣泄口。当他们这种异于常人的优势获得外界的认可后，反馈给自身的价值感和成就感，就能让他们增强自信心。

5. 积极进取型

积极进取型的孩子，通常富有干劲和冒险精神，喜欢挑战自己，追求卓越，勇于探索未知领域。这类孩子比较具有目标感和计划性，能够明确自己的发展方向，并为之付诸行动。

这类孩子需要被挑战和激励，让他们感受到自己的能力和潜力得到了充分发挥。家长可以引导他们从体育、科技等多个领域寻找合适的项目，并设定具有挑战性的目标，帮助他们发挥自己的天赋和潜能。

在教育上，父母可以采用鼓励和肯定的方式，同时为他们提供足够的学习资源和挑战性的任务，让他们能够充分发挥自己的才能和创造力。同时，父母需要注意控制他们的过度竞争心态，让他们正确处理与他人的关系。

每个孩子都有自己独特的性格特点和个人需求，家长需要根据实际情况，采用不同的方法和策略，为孩子提供全面和谐的教育，帮助他们健康成长。

第二节 遇见最美的我

家长的困惑

在陪伴孩子成长的过程中，许多家长常因对孩子内在兴趣与潜能认知的局限性，而选择让孩子广泛尝试各种活动，以期从中筛选出家长自认为有价值或感兴趣的方向进行培养。然而，这种做法往往未能如愿以偿，反而可能过度尝试导致孩子对学习产生厌倦情绪，丧失了探索未知的热情。

因此，如何科学、精准地发现孩子的兴趣所在？如何有效应对挫折，持续激发其内在动力，并最终引导他们形成个人特长，为生活增添色彩？这些问题成为众多家长亟须解决的育儿难题。

关键词解读

尊重兴趣：家长应尊重孩子的个人兴趣和爱好，有助于激发其内在动力，使其更愿意主动学习和探索，从而促进全面发展。

呵护兴趣：在尊重孩子兴趣的基础上，进一步保护和培养这些兴趣，为孩子提供必要的资源和支持，有助于培养其特长和专业技能，同时也能增强孩子的自信心和满足感。

鼓励热爱：热爱是持久学习和探索的动力源泉。鼓励孩子热爱某一事物，能够使其保持持久的兴趣和动力，从而在该领域取得更好的成绩。

团结协作：团队成员为了共同的目标而相互协作、共同努力。在育儿过程中，培养孩子的团结协作精神有助于其形成良好的人际关系，增强团队意识和责任感，同时也能提升孩子的沟通能力和解决问题的能力。

坚持陪伴：家长或教育者在孩子成长过程中坚持陪伴能够让孩子感受到关爱和支持，有助于其形成健康的心理和情感状态。同时，家长的陪伴也能为孩子提供学习的榜样和指引。

特长助自信：通过培养孩子的特长和优势，增强其自信心和自尊心。拥有特长和优势能够让孩子在同龄人中脱颖而出，从而获得更多的认可和赞赏。这种认可和赞赏能够进一步激发孩子的自信心和积极性，促进其全面发展。同时，特长也能为孩子未来的学习和职业发展提供更多可能性。

育儿实践案例

尊重兴趣，梦想乘着歌声的翅膀萌芽

从弯弯还在妈妈肚子里的时候，妈妈就习惯用歌声与她进行"对话"。等到弯弯开始咿呀学语，别家的孩子在日常对话中慢慢学会说话，而弯弯的家里却总是充满了歌声，每一次交流都宛如一场温馨的音乐会。

在幼儿时期，古建芬老师的《古诗新韵》成了家里的背景音乐，每天都在屋子里悠扬回荡。在这美妙旋律的熏陶下，弯弯不仅每天都过得开开心心，还轻轻松松地记住了 12 首儿歌。每当动画片《米奇妙妙屋》的主题曲响起，她就会兴奋地跟着节奏又唱又跳，脸上绽放着快乐的笑容。回到老家，听到小动物的叫声，她也会兴奋地告诉妈妈，它们是在唱歌呢，还绘声绘色地模仿着各种声音，那可爱的模样让妈妈从心底里佩服她丰富的想象力和对生活的热爱。

弯弯两岁半的时候，妈妈带她去听音乐会，原本担心她坐不住，没想到弯弯全程都聚精会神，小眼睛一直亮晶晶的，完全沉浸在了音乐的世界里。从那以后，只要有商场的促销游戏或者歌唱比赛，妈妈都会带着弯弯去参加。每一次活动结束，妈妈都会第一时间给予她肯定和鼓励，成为她最坚实的后

盾。在一次次的参与中，弯弯的自信心不断增强，笑容也愈发灿烂。

然而，成长的道路总是充满坎坷。四岁那年，弯弯报名参加了区上的小歌手比赛。可就在比赛前夕，她因为扁桃体肥大，嗓子充血，声音变得沙哑。妈妈心疼极了，劝她："宝贝，这次咱们先别参加了，等嗓子好了，以后还有很多机会。"但弯弯却坚定地看着妈妈，说："妈妈，我还是想去，我想穿上漂亮的裙子去唱歌……"看着她那渴望的眼神，奶奶也在一旁说："既然想去，就让她去吧，即使结果不理想，也是她自己的选择，就像你小时候也渴望得到尊重一样。"

比赛那天，弯弯的表现确实不尽如人意，她声音沙哑，越唱越着急，最后还破音了。一位音乐人毫不留情地指出："这种原生态的唱法就别来比赛了，这孩子长得乖，以后可以学表演，唱歌就算了。"听到这样的评价，弯弯虽然在现场没有哭，但回到家就抱着妈妈大哭起来："妈妈，我的嗓子今天为什么要哑……"晚上，一家人召开了家庭会议。爸爸提议让弯弯学画画，爷爷觉得女孩子跳舞也不错，但妈妈思来想去，还是决定尊重弯弯的想法。

第二天早上，弯弯一起床就边刷牙边手舞足蹈地唱起了昨天比赛的歌。看到她对唱歌的热情丝毫未减，全家人都决定要呵护她的兴趣，继续支持她。就这样，弯弯的音乐梦想再次破土而出，乘着歌声的翅膀，准备勇敢地飞翔。

鼓励热爱，学会合作助力梦想成长

那年秋天，学校成立了合唱团，弯弯成了合唱团的一名"预备队员"。虽然她年龄最小，但每次排练都格外认真，特别珍惜每一次机会。

一开始，由于弯弯嗓子经常充血，唱不了高音，她被安排在了低声部。可孩子性子急，见不得旁边的同学唱跑调，一发现就故意用高音去压别人的声音，结果引发了"音量大战"。每次排练结束，她的嗓子都哑了，还不停地抱怨："妈妈，我嗓子好痛。他们唱不准，好烦！我不想唱了。"听到她这么说，妈妈心里又气又急，但妈妈知道不能让她就这样放弃。于是，妈妈蹲下来耐心地对她说："好，咱们今天先不唱了，好好休息一下。"

晚上，妈妈抚摸着她的头发搂着她，温柔地说："合唱是展现团队的力量，不是个人，要学会相互合作、彼此照顾，才能完成排练达到目的。妈妈建议你明天试试配合大家，看看有什么不一样的感受，好吗?"

第二天排练结束，弯弯兴奋地跑过来跟我说："妈妈，我发现我声音唱小以后，他们也唱小声了，而且声音也不跑调了，我还听见了高声部的声音……"妈妈连忙夸赞她："说明你有进步咯! 你真棒!"

从那以后，弯弯开始虚心向哥哥姐姐们学习，学会了聆听、团结合作、分享和包容。渐渐地，她的嗓子不再沙哑，还学会了科学发声，高低声部也能自由切换，经常得到老师和同学们的表扬。在合唱团的日子里，弯弯在大家的鼓励下，凭借着对歌唱的热爱，学会了合作。在小学高段和初中时期，弯弯还有幸担任了合唱团的钢琴伴奏，在团队助力的同时，也收获了学弟学妹等一大波粉丝。她的音乐梦想也在团队的助力下，一步一步茁壮成长。

陪伴坚持，以特长为翼重燃自信之光

中考的时候，家里最爱的小狗意外离世，这给弯弯带来了巨大的打击，也直接影响了她的中考成绩。虽然她顺利考上了不错的学校，但没有发挥出自己的真实水平，她为此十分懊恼，变得有些消沉。

不过，幸运的是弯弯加入了高中的合唱社团，有机会和师哥、师姐们一起参加省中小学生艺术节合唱展演，无论在日常的排练中，还是在紧张的备赛和比赛过程中，家长都能从她的歌声中感受到快乐。歌声伴她走过了低谷期，团队的温暖让她重拾自信，最终大家齐心协力一举拿下了"一等奖"，为所在城市争得了荣誉。而妈妈在这个过程中一直陪伴在她身边，鼓励她不要被挫折打倒，要坚持自己的热爱。

高中的学业任务越来越重，青春期的弯弯有些话也不再像以前那样都跟妈妈说了，但唱歌始终是她生活和学习的调节剂，也是她前进的动力。

回想起自小学一年级起，弯弯每年都坚持参加校园歌手大赛，比赛成绩虽然有起有伏，但她每次都能迅速调整状态。六年级时，她与同学演唱二重唱《迎接辉煌》，连续获得区级、市级"十佳歌手"，原创歌曲的和声部分还是她自己编配的，得到了评委的一致赞扬。她参与创作和演唱的作品还登上了多个知名平台。

2025 年农历新年，弯弯带着建党百年的原创歌曲《我知道》登上了某知名节目。在这一路的陪伴中，妈妈见证了她的坚持与成长，她以歌唱特长为翅膀，重新燃起了自信之光，勇敢地飞向了更广阔的天空。

案例分析

该案例基于三个育儿故事，分别围绕"尊重兴趣，梦想乘着歌声的翅膀萌芽""鼓励热爱，学会合作助力梦想成长"和"陪伴坚持，以特长为翼重燃自信之光"展开。这些故事共同展示了在育儿过程中，家长如何引导孩子发现兴趣、面对挑战、学会合作，并最终实现个人成长。

核心要点分析如下：

1. 尊重兴趣，激发潜能

早期熏陶与兴趣发现：在第一个故事中，弯弯在母亲孕期及幼儿时期就受到音乐的熏陶，后逐渐展现出对音乐的浓厚兴趣。这反映了早期的环境和互动与孩子兴趣的发现有一定相关性。

家庭支持：当弯弯面临比赛前的健康挫折时，家庭给予了她充分的尊重和支持，同意她继续参赛。尽管参赛的结果不如人意，但全家人继续呵护她的兴趣，让孩子在爱的陪伴和鼓励中能够乘着歌声的翅膀再次出发。

2. 学会合作，实现共赢

团队合作的挑战与机遇：在第二个故事中，弯弯在合唱团中面临了合作难题，但通过学会聆听、调整唱法和团结合作，她不仅提升了个人技能，还帮助团队达到了更好的排练效果。

家长引导与成长：母亲的温柔引导让弯弯理解了团队合作的重要性，这为她未来的成长和成功奠定了坚实的基础。

3. 陪伴坚持，重拾自信

挫折与低谷期的陪伴：在第三个故事中，弯弯经历了小狗离世和中考失利的双重打击而变得消沉。但幸运的是她加入了高中合唱社团，通过唱歌释放负面情绪，在团队的温暖中重拾了自信。

特长与坚持的力量：弯弯坚持参加校园歌手大赛和合唱团的排练，不仅提升了自己的歌唱技能，还通过比赛和表演获得了认可和荣誉。这证明了特长和坚持对于孩子成长的重要性。

实操建议

1. 尊重与培育孩子的独特兴趣：开启潜能的金钥匙

案例"尊重兴趣，梦想乘着歌声的翅膀萌芽"中，弯弯对音乐展现出的浓厚兴趣得到了家庭的充分尊重与积极培育。这不仅为弯弯提供了一个自由探索个人潜能的空间，还让她在音乐的海洋中找到了自我价值与成就感。这一经历深刻启示我们：

尊重个性，每个孩子都是独一无二的个体，拥有不同的兴趣与天赋。家长应细心观察，尊重并鼓励孩子追求自己的热爱，避免盲目跟风或强加意愿。

积极支持，当孩子展现出对某一领域的浓厚兴趣时，家长应提供必要的资源与支持，如报班、购买相关书籍或器材等，帮助孩子更好地探索与发展。

2. 团队合作的力量：构建社交与协作的基石

案例"鼓励热爱，学会合作助力梦想成长"中，弯弯在合唱团中的经历让她深刻体会到了团队合作的重要性。这不仅提升了她的音乐技能，更重要的是，她学会了如何在团队中发挥自己的作用，与他人协作共进。这一经历给予我们的启示是：

培养团队精神，通过参与集体活动或项目，孩子可以学会倾听他人意见、尊重他人贡献，从而培养出良好的团队合作精神。

增强社交能力，团队合作的过程也是孩子社交能力提升的过程。他们将在互动中学会沟通、协商与解决冲突，为未来的社交圈层打下坚实基础。

3. 陪伴与坚持：跨越挫折的桥梁

案例"陪伴坚持，以特长为翼重燃自信之光"中，弯弯在家庭的陪伴与鼓励下，通过坚持唱歌这一特长，成功克服了学业与生活中的挫折。这一经历让我们认识到：

陪伴的力量，家长的陪伴是孩子成长道路上不可或缺的精神支柱。在孩子遇到困难时，家长的鼓励与支持将帮助他们重拾信心，继续前行。

坚持的重要性，面对挫折与困难，坚持是通往成功的必经之路。家长应引导孩子学会坚持与不放弃，让他们在逆境中磨砺意志，不断成长。

4. 发掘与培养特长：点亮未来的明灯

在上述案例中，弯弯的音乐特长不仅是她个人兴趣的体现，更是她克服困难、实现自我价值的重要途径。这一经历给予我们在发掘和培养孩子特长方面的深刻启示：

敏锐洞察，家长应成为孩子潜能的敏锐洞察者，通过观察孩子的日常行为、兴趣爱好以及在学习和生活中的表现，及时发现并关注孩子的特长所在。

专业引导，一旦确定了孩子的特长方向，家长应积极寻求专业指导，如聘请专业老师、参加专业培训或加入相关社团等。这些专业引导将帮助孩子更系统地学习和发展特长，避免走弯路或浪费时间。

持续激励，在特长培养过程中，家长的持续激励至关重要。家长通过表扬、奖励或提供展示机会等方式，激发孩子的积极性和自信心，让他们更加热爱并专注于自己的特长领域。

平衡发展，虽然特长培养重要，但家长也应注意保持孩子身心健康的平衡发展。家长应避免过度追求特长而忽视其他方面的成长，如学业、社交和情感等。只有在全面发展的基础上，特长才能真正成为孩子未来的加分项。

在成长的旅途中，弯弯的家长不断鼓励和呵护着她的兴趣与特长，体验陪伴与坚持的深厚力量。每一次与孩子共同面对的挑战、分享的欢笑以及流下的泪水，都凝聚成一份由内而外散发爱的光辉，它不仅照亮了孩子前行的道路，更温暖了孩子纯真的心灵。家长应以爱的姿态，与孩子携手并肩，共同书写温馨与辉煌，让他们在广阔的人生舞台上自信前行，勇敢地遇见并拥抱那个最美的自己。

第三节　做好生涯规划

家长的困惑

孩子兴趣多变，今天爱画画，明天迷舞蹈，家长该如何在纷繁的兴趣中发现孩子真正的热爱？当孩子脱口而出"想当科学家"时，家长该如何分辨是童真幻想还是职业萌芽？面对瞬息万变的未来，如何帮助孩子建立持续的兴趣发展路径？在基础教育阶段，如何通过科学引导，让孩子在保持探索自由的同时，逐步形成清晰的自我认知与发展方向？

对于这些问题，家长既担心过早定向限制成长空间，又焦虑放任自流导致未来茫然。

关键词解读

生涯规划启蒙：针对 7~12 岁儿童设计的成长引导体系，通过职业认知、兴趣探索、能力培养三个维度，帮助孩子建立"自我-社会"的认知联结。其核心价值：

一是破除职业偏见，理解社会分工价值，如让孩子明白快递员与科学家同样维系着城市运转；

二是构建成长坐标系，通过"职业认知图谱"等工具将抽象理想具象化；

三是培养目标管理能力，从"21 天兴趣打卡"到"学期成长计划"，形成阶梯式发展路径。有效的启蒙教育能让孩子在保持童真的同时，获得持续成长的内驱力。

育儿实践案例

儿子的理想塑造

一位母亲深爱着自己的儿子，总是竭尽所能为他创造最优越的条件，期盼他能过上幸福且充实的生活。同时，她也深知每个孩子都拥有独一无二的性格、兴趣和潜能。作为家长，她期望儿子能够依靠自己的力量去开创未来，而非仅仅遵循父母的期望前行。

因此，自儿子年幼时起，这位母亲便巧妙地将职业规划的理念融入他的日常生活中。儿子天性活泼，对周遭世界充满无限好奇。小时候，当其他孩子都沉迷于奥特曼玩具时，他却对此并不感冒。他的兴趣总是让人捉摸不透，他并不痴迷于某种特定的玩具，反而对拆解家里的各种玩具车、遥控器等物品乐此不疲。每当他将这些原本完好的物件拆得七零八落时，他眼中闪烁的兴奋与专注却让母亲倍感惊喜。

儿子对拆解和重组的兴趣似乎是与生俱来的。有一次，他盯着一辆新买的遥控车，突然对母亲说："妈妈，我想把这辆车拆开，看看它能不能飞起来。"母亲被儿子的天真想法逗乐了，但还是忍不住问道："你知道飞机能飞，汽车可不能飞哦？"儿子眨了眨眼睛，认真地回答："我知道，但我就是想看看它们的构造有什么不同。"听完儿子的话，母亲意识到他对这些事物真的有着浓厚的兴趣。

于是，她并没有直接对儿子进行说教，而是轻轻地拍了拍他的肩膀，温柔地鼓励道："儿子，如果你真的喜欢，就要努力去学习机械原理。只有不断学习，你才能了解更多，将来甚至有可能发明出新的东西哦！"儿子听后，脸上露出了兴奋的表情，仿佛已经看到了自己成为一名科学家，发明出改变世界的奇迹。

"真的吗？"儿子用充满期待的眼神望着母亲，仿佛在从她的眼中寻找未来的方向。"当然是真的！"母亲笑着点头，给予儿子坚定的鼓励，"不过，科技发展日新月异，你要从小树立明确的目标，并坚持不懈地努力，才能成为你想要成为的人。"

那时，母亲并没有为儿子规划太多未来的具体细节，她只是通过言语让他明白努力的重要性，给予他自信，也激发了他探索未知的动力。时光荏苒，儿子始终保持着对拆解玩具、研究电子产品的热爱。几年后，母亲欣慰地看到，儿子已经开始利用互联网学习科技发明的知识，还参加了全国中小学机器人大赛，并成功获得了所在赛区的参赛资格。虽然他没有摘得最终的大奖，但母亲知道，这颗关于创新与科技的种子已经在他心中深深扎根，未来的路，他将依靠自己的力量坚定地走下去。

忽视孩子的潜力，过度干预的后果

有一位母亲，她的女儿性格内向，学习成绩也并不突出。母亲对女儿寄予厚望，却始终未能洞察到孩子内心深处的真正兴趣与潜力所在。作为家长，她渴望女儿能拥有明确的特长，找到清晰的职业发展方向。然而，在强烈的期望和焦虑驱使下，母亲开始过度干预孩子的生活，忽略了对孩子兴趣和自我探索的尊重。

女儿自幼偏爱安静的活动，阅读和写日记成了她日常生活中的两大乐事。每当看到女儿沉浸在这些"低调"的爱好中时，母亲总是暗自忧虑，担心这些兴趣无法为女儿的未来职业成功铺路。她未能意识到，其实这些活动正在悄然锻炼孩子的观察力、表达能力和独立思考能力。因此，每当女儿捧起书本或翻开日记本时，母亲总是流露出不以为意的态度，甚至有时会责备女儿："你又在弄那些没意义的东西了，什么时候才能做点实际的事情？"

在一次家长会上，母亲听闻其他家长纷纷谈论孩子参加的各种兴趣班和社会实践活动，而自己的女儿却对这些活动毫无兴趣。这让母亲的焦虑感愈发加剧，她担心女儿若一直如此，未来将会一无所成。于是，母亲开始强烈要求女儿参加各种课外辅导班和社会实践活动，希望能帮助女儿找到一项真正有用的特长。

然而，女儿的反应却大大出乎母亲所料。每次参加活动，女儿都显得精神萎靡，心不在焉，甚至开始对这些活动产生抵触情绪。有一次，母亲硬是让女儿参加了一个社会实践活动，而女儿所在的小组中大多是性格内向的孩子。这原本是一个让女儿独立思考、享受书写过程的难得机会，但母亲却一再要求她主动担任小组领导，鼓励并促进同学们之间的交流，甚至还要她负责向其他同学解读活动内容。

女儿在活动中表现得沉默寡言，不愿主动发言，母亲却大声指责她不够积极，像木头人一样，并强调要成为一个有用的人就不能总是躲避。这些严厉的言辞深深刺伤了女儿，让她的自信心备受打击，内心的热情也逐渐熄灭。母亲并未意识到，自己的过度干预和高期望正在侵蚀女儿的内在动力。她没有给予女儿足够的时间去探索自己真正感兴趣的领域，也没有尊重女儿的个人选择和发展空间。

面对母亲的指责，女儿产生了抵触情绪，变得越来越不愿意参与外界活动。这些活动本应是女儿展现潜力、探索自我的宝贵机会，如今却成了她的负担。随着时间的推移，女儿的学业成绩没有提升，反而学习变得更加消极。她开始怀疑自己，觉得无论怎么努力都无法满足母亲的期望。

然而，母亲的焦虑和不满并未减少，她继续要求女儿参加各种补习班和兴趣班，甚至为女儿报名了许多与文学、写作无关的活动，试图通过外部压力迫使女儿改变兴趣和性格。然而，这种做法却让女儿的情绪日渐低落，对学习产生了抵触情绪，内心变得越来越封闭。女儿原本对阅读和写作的热爱被母亲的干预消磨殆尽，最终她放弃了自己的兴趣，对学业产生了极大的厌烦，甚至对未来充满了迷茫和无助。

案例分析

在案例"儿子的理想塑造"中，母亲展现出了敏锐的洞察力，她并没有急于给孩子贴上标签或强行引导，而是通过耐心的观察和长期的对话，发现了儿子在"创新"领域的兴趣和天赋。作为支持者与引导者，母亲通过简单的对话和鼓励，让儿子逐渐意识到自己兴趣背后的潜力，并帮助他设定了一个远大的目标。这一过程充分体现了现代教育中"认知自我"的理念，即孩子通过不断地探索和自我体验来发现并认识自己独特的兴趣，而父母的角色则是给予引导和激励。母亲尊重孩子的兴趣，提供支持和鼓励，让他在没有束缚的环境中自由探索，帮助他认识到自己未来的潜力。这种自由、支持和理解的家庭氛围，是孩子能够健康成长并找到自己道路的关键。

案例"忽视孩子的潜力，过度干预的后果"揭示了过度干预和强加父母期望的教育方式对孩子造成的负面影响。母亲的做法既体现了对孩子的过度控制，也暴露了她对孩子的个性和兴趣严重缺乏尊重。她强迫女儿参与自己认为有价值的活动，却忽视了女儿内心的真实需求，从而不仅阻碍了孩子的个性发展，还严重挫伤了孩子的兴趣和自信心。母亲的焦虑和不安驱使她将自己的期望强加给孩子，认为只有掌握明确的技能特长，孩子才能在未来的职业生涯中立足。然而，这种过度的压力和干涉剥夺了孩子自我探索和发展的空间。母亲没有给予女儿足够的自由去发现和发展自己的兴趣与天赋，也缺乏耐心去观察和引导女儿，而是急于让她成为符合社会标准的"成功"孩子。这种对孩子内心世界的忽视和不理解，不仅导致了母女之间的情感疏远，还让女儿原本热爱的阅读和写作等能够培养思维能力、创造力和表达能力的活动被视为"无用"的浪费时间，使女儿感到自己的努力无法得到认可和鼓励。更糟糕的是，母亲强行要求女儿承担与她性格不符的角色，如领导和激励其他同学，结果适得其反，激发了女儿对外界活动强烈的抵触情绪。过多的压力和不适应的角色安排，让孩子逐渐失去了对未来的热情和自信，陷入了对自我能力的深深怀疑之中。

实操建议

通过对育儿实践案例栏目的两则案例分析，我们可以从中提炼出一些具有实际操作性的启发。这些启发可以帮助家长们在日常育儿实践中，更好地支持孩子们的成长与职业规划。

1. 尊重孩子的兴趣，给予探索的空间

每个孩子的兴趣都是独特的，家长需要学会观察和理解孩子的兴趣变化，而不是急于给孩子下定义或强行引导。过多的干预和过早的职业规划会限制孩子的成长空间，会导致他们失去探索的动力。家长可以通过观察孩子的行为和言语，关注他们自发的兴趣点，比如拆解玩具、绘画或是看书等，而不是强迫孩子按照自己的期望去发展。孩子的兴趣变化很大，而他们的"兴趣爱好"也未必是最终职业的指引。因此，给予孩子自由的探索空间，不仅能帮助他们找到自己真正喜欢的事物，也能让他们在探索过程中形成更清晰的自我认知。

2. 通过适当引导激发孩子的内在动力

家长要学会通过引导激发孩子的内在动力，而不是直接给出答案。例如，当孩子提出"想当科学家"时，不要简单地回应"那太难了"，而是鼓励孩子去了解和探索相关知识。就像母亲通过温柔的言语鼓励孩子努力学习，只有不断学习才能发明新的东西，这种方式可以帮助孩子建立起目标意识和内在动力。鼓励孩子从小设立目标并朝着目标努力，逐步培养他们的责任感和目标管理能力。这种引导方式不仅能帮助孩子发现自己的兴趣，还能让他们在实际行动中不断积累经验，逐步明晰自己的发展方向。

3. 关注孩子的心理发展，避免过度施压

家长在教育孩子时，除了注重兴趣培养，还要关注孩子的心理发展和情感需求。过度的压力和期望往往会给孩子带来负面影响，甚至使孩子失去自

信和探索的动力。就如案例"忽视孩子的潜力，过度干预的后果"中的母亲，由于焦虑和期望过高而忽略了女儿的内心需求，最终适得其反。家长应避免将自己的焦虑和期望强加到孩子身上，尊重孩子的独特性和成长节奏。每个孩子都有不同的兴趣和能力，过度的压力和干涉会让孩子感到沮丧、失落，甚至产生反感。因此，家长要学会放下控制，给予孩子适度的自由与支持，让他们在没有压力的环境中自信地成长。

4. 在孩子的成长过程中，提供合适的支持与资源

家长可以根据孩子的兴趣提供适合的支持和资源，比如报名一些兴趣班、参加相关的活动，或者提供相关的书籍和学习材料。这不仅能激发孩子对某一领域的兴趣，还能帮助他们更深入地了解该领域。然而，这种支持要有度，不能让孩子感到过度的压力和强迫。家长的角色是支持者和引导者，而不是主导者。通过提供合适的资源和机会，家长可以让孩子在宽松的环境中接触到不同的领域，从而发现自己真正的兴趣所在。

在教育孩子的过程中，家长的角色至关重要，但这种角色应更多地倾向于引导和支持，而不是强迫和干预。尊重孩子的兴趣、关注孩子的心理发展、提供适当的支持与资源，这些都是帮助孩子形成清晰自我认知与发展方向的重要方法。通过这种方式，家长不仅能够帮助孩子发掘真正的兴趣，也能在孩子成长的过程中建立起坚实的内驱力，为他们的未来铺设一条广阔的道路。

愿每位家长都能成为孩子生涯规划中的引路人，用爱与智慧，引导他们勇敢地追寻梦想，绘制出属于自己的精彩人生画卷。在这条充满爱与希望的道路上，让我们继续携手前行，共同见证每一个奇迹的诞生。

第四章

护航童年　守护健康

作为小学生的这六年，我们的孩子们经过学龄期进入青春期，身体各方面的发育更加趋近成熟。在这个年龄阶段，家长除了需要提供适宜的学习条件，还要帮助孩子养成合理营养的饮食习惯、增强体质，预防身体的疾病，密切关注孩子的心理行为问题。本章将聚焦家长们最关心的几个关乎身体及心理的问题，为家长解惑和指导。

第一节　摆脱胖的烦恼

家长的困惑

在物资匮乏的年代，"丰衣足食"是大家对美好生活的期盼。但随着社会发展，物质极大地丰富，不光大人容易发胖，越来越多的小朋友也逐渐圆润起来。《中国居民营养与慢性病状况报告（2020 年）》显示，我国 6~17 岁儿童青少年的超重肥胖率为 19%，6 岁以下儿童的超重肥胖率为 10.4%。

实际上 41%~80% 的儿童肥胖可延续至成年，严重威胁国民健康，《"健康中国 2030"规划纲要》《健康儿童行动提升计划（2021—2025 年）》和《中国儿童发展纲要（2021—2030 年)》均从国家战略角度提到要重视儿童肥胖的防控。那么，接下来，基于 2022 年发表的《中国儿童肥胖诊断评估与管理专家共识》，本章将给家长科普什么是肥胖，以及肥胖症会有哪些危害，它的病因有哪些，如何预防和治疗肥胖症。

关键词解读

1. 肥胖与肥胖症的诊断

什么是肥胖？简单地讲，肥胖就是人体脂肪过多，多到会损害人体健康的程度。

而对肥胖症的诊断，针对 2 岁以上的儿童，医生用得最多的是"BMI（身体质量指数）"。BMI = 体重（千克）/身高（米）的平方，比如：一个体重 43 千克，身高 1.2 米的孩子，他的 BMI = $43/1.2^2 = 43/1.44 = 29.9$ 千克/平方米。6~18 岁的儿童及青少年超重和肥胖的定义为 BMI 大于中国同性别同年龄别 BMI 值参考标准（见表 4-1），家长可以自行计算，与表中数据做对比。

表 4-1　BMI 值参考标准　　　　单位：千克/平方米

年龄组		6.0~ 6.4岁	6.5~ 6.9岁	7.0~ 7.4岁	7.5~ 7.9岁	8.0~ 8.4岁	8.5~ 8.9岁	9.0~ 9.4岁	9.5~ 9.9岁	10.0~ 10.4岁	10.5~ 10.9岁	11.0~ 11.4岁	11.5~ 11.9岁
男生	超重	16.4	16.7	17.0	17.4	17.8	18.1	18.5	18.9	19.2	19.6	19.9	20.3
	肥胖	17.7	18.1	18.7	19.2	19.7	20.3	20.9	21.4	21.9	22.5	23.0	23.6
女生	超重	16.2	16.5	16.8	17.2	17.6	18.1	18.5	18.9	19.5	20.0	20.5	21.1
	肥胖	17.5	18.0	18.5	19.0	19.4	19.9	20.4	21.0	21.5	22.1	22.7	23.3
年龄组		12.0~ 12.4岁	12.5~ 12.9岁	13.0~ 13.4岁	13.5~ 13.9岁	14.0~ 14.4岁	14.5~ 14.9岁	15.0~ 15.4岁	15.5~ 15.9岁	16.0~ 16.4岁	16.5~ 16.9岁	17.0~ 17.4岁	17.5~ 18岁
男生	超重	20.7	21.0	21.4	21.9	22.3	22.6	22.9	23.1	23.3	23.5	23.7	23.8
	肥胖	24.1	24.7	25.2	25.7	26.1	26.4	26.6	26.9	27.1	27.4	27.6	27.8
女生	超重	21.5	21.9	22.2	22.6	22.8	23.0	23.2	23.4	23.6	23.7	23.9	23.9
	肥胖	23.9	24.5	25.0	25.6	25.9	26.3	26.6	26.9	27.1	27.4	27.6	27.8

但是仅凭 BMI 来判断是否肥胖也不准确，它无法区分出"相扑运动员"和"健美运动员"（两者在体重相同的情况下，前者重在脂肪，后者重在肌肉），因此医生还会结合体脂率来综合判断。

2. 肥胖的危害

孩子一天天长大至成人，许多成人期代谢相关疾病就源于儿童期的肥胖。据统计，约30%的婴儿期肥胖以及70%的青春期肥胖会延续至成人期。

就儿童来说，肥胖会导致血糖、肝功能等异常，会促进性成熟，从而增加性早熟的风险，对孩子的爱美心理也是一种打击。

3. 肥胖的病因

遗传因素：目前已发现超过600种基因、标记和染色体条带与人类肥胖有关。父母的体重情况可以通过遗传因素影响子女超重及肥胖的发生，父母双方都肥胖，子女发生肥胖的风险高于父母双方都不肥胖的儿童。

膳食因素：含糖饮料和西式快餐的普及，高糖高盐高脂零食消费的增加，全谷物、深色蔬菜、水果、奶类、鱼虾类和大豆类摄入普遍不足，外出就餐、睡前进食等均被证实与肥胖的发生有关。

生活方式：父母的不良饮食行为及生活习惯直接影响儿童的行为。研究证实母亲受教育程度越高，儿童肥胖发生可能性越小。儿童电子屏幕暴露和静坐的时间增加（电视、电脑、上课）、体力活动量减少以及睡眠时间过少、睡眠不规律也会增加肥胖的发生率。

案例分享

孙女的"性早熟"

这段时间，姥姥发现平时乖巧可爱的6岁孙女，总是含胸驼背，闷闷不乐。于是带着小孙女来到医院就诊，看看是不是脊柱或者其他哪里有问题。

医生体检发现女孩脊柱并没有问题，而是因为体型肥胖，胸部过于丰满，所以女孩不好意思，含胸弯背进行遮挡。医生进一步检查，发现孩子丰满的胸部并不光是脂肪过多，是孩子的乳房已经发育了，可以扪到乳核了！继续查体，孩子的外阴都已经出现阴毛发育，阴道有少许白带。医生给予初步诊断为：肥胖，性早熟原因待诊。这下把姥姥急坏了——孙女才6岁，这么早就发育了！姥姥忙问医生原因。

医生边问情况边分析：原来以前生活条件不好，孩子妈妈瘦瘦的，个子也不高，而姥姥看着女儿如今矮胖矮胖的身材，总觉得是曾经营养不良亏了孩子才导致的。所以小孙女出生之后，姥姥就一直注意不能"亏"了孩子。只要小孙女愿意吃，姥姥总是千方百计做给孩子吃。孙女一直胖嘟嘟的，姥姥心里别提多骄傲了。

结果医师告诉姥姥，身高是受基因调控的，营养不良会影响基因的"发挥"，但并不是"瘦"就一定是营养不良。同样营养过剩并不会改变本来就身材不高的基因，反而会导致肥胖的发生。妈妈是胖体型，以及孙女进食过多没有节制是导致她出现肥胖的高危因素，而肥胖又导致了孩子的性早熟。听完医生的分析，姥姥悔恨不已。原来孙女的性早熟，肥胖是元凶！

实操建议

为了减少肥胖的危害，我们一定要积极预防它的发生。儿童肥胖的预防和治疗，以非药物的治疗方式为主。而对于有明确病因的继发性肥胖或伴有肥胖并发症的患者，则需要进行病因治疗或相应的并发症治疗。

1. 管住嘴——控制能量过度摄入

《中国儿童肥胖的评估、治疗和预防指南》推荐：建议控制食物的总量，调整饮食结构和饮食行为。不建议通过节食减重，也不建议短期内（小于3个月）快速减重，禁忌使用缺乏科学依据的减肥食品和饮品。

（1）减少高脂肪或高钠加工食物的摄入。其中高钠食物主要是对味觉刺激很大的零食。

（2）2岁及以上儿童减少饱和脂肪酸的摄入，如注意少吃一些糕点类零食。

（3）限制含反式脂肪食物的摄入。

（4）增加水果和蔬菜的摄入。

（5）减少和避免快餐、添加糖食物及果汁的摄入。

（6）按时、规律进餐，避免不吃早餐和白天不断加餐，尤其是放学后、晚饭后和睡觉前。

（7）营养均衡，细嚼慢咽（每餐时间建议控制在20~30分钟），专心进食，一定要避免边吃饭边看电视。

2. 迈开腿——增加能量消耗

儿童可进行适合年龄和个人能力的、形式多样的身体活动。2018 年《中国儿童青少年身体活动指南》建议身体健康的 6~17 岁儿童每天至少累计达到 60 分钟的中高强度身体活动，以有氧运动为主，每周至少 3 天的高强度身体活动，包括抗阻活动。中、高度的运动比较容易让大家理解的就是会让人感觉到呼吸、心率加快，说话时会轻喘气的运动。抗阻运动指克服阻力的运动，包括仰卧起坐、深蹲起、仰卧推举等，以及器械阻力，如丢沙袋、举哑铃等。

对于超重肥胖儿童，建议在达到一般儿童推荐量的基础上，在能力范围内，逐步延长每次运动时间，增加运动频率和运动强度，达到每周有氧运动 3~5 次和抗阻运动 2~3 次，并形成长期运动的习惯。

3. 其他干预与治疗

（1）保证充足的睡眠

规律且充足的睡眠可以保障与能量代谢相关激素的正常分泌，同时有利于保障儿童的正常生长发育。曾有研究指出经常熬夜会增加肥胖的风险。

（2）心理干预

如果肥胖儿童存在心理偏差，就需要针对性地进行心理卫生教育，使之能自觉控制饮食，参加体育锻炼，并能正视自我，消除因肥胖而产生的各种不良心态。对情绪创伤或心理异常者，必要时请心理医生干预。

（3）药物治疗

前面提到过肥胖的孩子以非药物治疗为主，只有在经过正规的强化调整生活方式干预后，还未能控制体重增加或改善并发症，或有运动禁忌时，才能对肥胖患儿进行药物治疗。不建议在小于 16 岁的超重但不肥胖的患儿中使用减肥药物。

（4）代谢减重手术

代谢减重手术是一种有创操作，儿童人群应慎重选择。

通过这一节的讲解，希望父母能够正确对待孩子肥胖，把预防孩子肥胖的意识与方法科学地融入日常生活中。如果您已经努力做了相关工作，但孩子仍然有肥胖的问题，请一定要到专业医疗机构咨询医生。

第二节　让孩子吃得健康

家长的困惑

随着我国国力日益强盛，人们生活条件越来越好，曾经的"缺衣少食"变成了"丰衣足食"。但是就在这样的生活环境下，孩子仍然有消瘦和肥胖等与营养相关的疾病。家长经常不知道食物该怎么吃，吃多少才合适。

2019 年我国就展开了合理膳食行动，发布了各个人群的"平衡膳食宝塔"，接下来我们将具象化地详细介绍各个营养物质。

关键词解读

通俗易懂地说，**合理平衡膳食**就是我们吃进去的食物既能满足身体营养素平衡状态，又是健康的食物。除母乳外，任何一种天然食物都不能提供人体所需的全部营养素，不同食物的营养素是不同的，需要合理搭配。

我们先来看一些主要营养素的食物分布。

蛋白质：主要存在于动物性食物、豆类当中。

维生素、矿物盐及微量元素：主要存在于我们的蔬菜和水果当中。

碳水化合物：主要是在谷类、薯类和糖类当中。

脂肪：存在于食用油或者是动物性的一些脂肪当中，如：肥肉。

维生素 A：主要存在于肝、奶、蛋当中。

铁：主要存在于瘦肉、动物血、肝脏当中。

锌：主要存在于牛肉、瘦猪肉、肝脏当中。

小学生们的合理膳食安排可以参照由中国营养学会发布的 6~10 岁和 11~13 岁儿童的平衡膳食宝塔图。

案例分享

李女士很苦恼，女儿一直挺胖。小时候朋友们都羡慕女儿吃饭不用愁，胖胖的，很可爱，但是随着年龄增长，孩子越来越胖，班上同学会以孩子的体型给孩子起绰号，女儿经常回来哭诉。若节食，李女士又怕孩子营养不平衡，若不节食，又不知道该怎么分配食物比例。李女士在网上一搜，上面列举了很多食物食用比例的建议，但是看着克数，根本不知道具体是多少。于是李女士买了一台电子秤，但操作起来也麻烦，煮饭本来就手忙脚乱，还要挨个称克数。李女士真希望能把这些数字具象化。

实操建议

1. 盐的摄入

6~10岁儿童每天对盐的摄入建议小于4克，11~13岁儿童建议每天小于5克，图4-1勺子里呈现的就是4克的盐量。除了我们能直观看见的盐，酱油、辣酱等调味料也是含盐的，这些是无法计量的，所以我们要清淡饮食，才不容易超量。

图4-1 4克盐

2. 油的摄入

6~10岁儿童每天建议20~25克，11~13岁儿童每天建议25~30克，图4-2是25克的油量。它就相当于我们生活中常见的小酒杯半杯的量。所以我们平常烹饪的时候要尽量少油。

图 4-2　25 克油

3. 奶的摄入

奶作为钙的重要来源，6～13 岁儿童每天建议摄入 300 克，300 克奶相当于 300 毫升的奶。市面上常见的纯牛奶，一盒的量基本上是 200～250 毫升，也就是说，每天喝一盒半的牛奶就足够我们身体的需求了。

4. 豆类的摄入

6～13 岁儿童建议每周摄入 105 克，105 克平均分配到每天是 15 克的量。但豆类不光是黄豆，还包括黑豆、红豆、毛豆等豆类或豆制品。图 4-3 展示的是 105 克黄豆的量，相当于 150 毫升的体积，这是一周的量。

图 4-3　105 克黄豆

5. 坚果的摄入

6~10 岁儿童每周建议摄入 50 克，11~13 岁儿童每周 50~70 克。图 4-4 的花生展示的是 50 克的量，如果是每周 5 次的话，每天我们食用 5~6 粒就足够了。

图 4-4 50 克花生

6. 肉类的摄入

6~13 岁儿童每天肉的需要量是 40 克。图 4-5 是 83 克牛肉，以用女性的大拇指做参考，儿童每天只需摄入一半的量。

图 4-5 83 克牛肉

7. 水产品的摄入

6~13 岁儿童每天需要 40 克水产品，成人巴掌大的银鳕鱼是 50 克一片，银鳕鱼可能不是我们常见食材，很多家庭比较喜欢吃虾，40 克差不多相当于 6~7 只中等大小的基围虾。

8. 蛋的摄入

6~13 岁儿童每天需要 25~40 克，一般一颗鸡蛋是 50 克的重量，如果是稍微小一点土鸡蛋，也有 40 克左右。如果小朋友每天都要吃鸡蛋，半个到一个鸡蛋就足够了。

9. 蔬菜的摄入

6~10 岁儿童每天需要 300 克，11~13 岁儿童每天需要 400~450 克，我们可以参考图 4-6 和图 4-7 中蔬菜的量，分别为 232 克的西蓝花和 301 克的叶子菜。

图 4-6　232 克西蓝花

图 4-7　301 克叶子菜

10. 水果的摄入

6~10 岁儿童每天建议摄入水果 150~200 克，11~13 岁儿童每天建议摄入 200~300 克。5 个枇杷重 274 克，一个中等大小的苹果重量约是 200 克，如图 4-8 和图 4-9 所示。

图 4-8　274 克枇杷

图 4-9　200 克苹果

11. 谷类、薯类的摄入

6~10 岁儿童每天建议摄入谷类 150~200 克，11~13 岁儿童每天摄入 220~ 250 克，其中包含 30~70 克的全谷类和杂豆。全谷类指杂粮、糙米、燕麦、薏米、小米等，杂豆指绿豆、红豆、黑豆这些豆类食品。

图 4-10 和图 4-11 分别展示的是 50 克米饭和 98 克红薯（相当于手机大小）。"中国居民平衡膳食宝塔"建议每天摄入 25~50 克薯类。

图 4-10　50 克米饭

图 4-11　98 克红薯

家长需要注意，膳食宝塔建议的各类食物摄入量都是指食物可食部分的称重，且建议的各类食物每日摄入量是一个平均量，不是每天必须严格遵守的膳食配方。家长无须每日都严格按照膳食宝塔建议的各类食物的量吃，重要的是一定要经常遵循膳食宝塔各层中各类食物的大体比例。在一段时间内，比如一周，各类食物摄入量的平均值应当符合膳食宝塔的建议量即可。

通过上文的展示，结合在我国营养学会公布的《平衡膳食准则》，家长可能已经发现，一些孩子摄入了量过多的肉类、油、蛋，所以家长应该要求这些孩子多吃一些蔬果、全谷类和豆类食品，适量地吃肉类，补充水产品和蛋，少油少盐、控糖。希望家长给孩子科学地规划合理的膳食，让孩子营养摄入平衡，拥有健康的体魄！

第三节　让孩子睡得好

家长的困惑

青少年儿童的睡眠日益受到关注，它与孩子的生长发育和身体健康息息相关。什么是健康的睡眠？孩子睡多久合适？几点入睡比较好呢？

关键词解读

相信不少家长也听说过，**睡眠**不只可以消除疲劳，它还可以：促进代谢产物的排除，恢复和修复我们白天的身体耗损；增强免疫功能；促进生长发育；增强学习记忆；等等。因此对于处在生长发育中的儿童，健康睡眠非常重要。

根据国内外睡眠指南的推荐：6~13岁儿童应为9~11小时。在睡眠期间，大脑会对白天的所有信息进行加工、储备和整理。如果睡眠时间不够，记忆力会下降，同时还会影响创造力及逻辑思维。同时，儿童生长激素在白天的分泌量相对比较少，它的分泌主要在夜间，尤其深睡眠状态下。夜间有两个分泌高峰，一个在22:00左右，另一个在凌晨5:00左右。故我们推荐学龄期的儿童在20:30上床，21:00入睡。孩子在进入深睡眠后，生长激素才会分泌旺盛。如果孩子总熬夜，生长激素的分泌会受到影响，从而影响孩子的身高。

案例分享

一天，小明的妈妈来到医院咨询孩子的睡眠问题。小明从小睡眠就比其他小朋友少，个子一直不太高。上了小学之后，小明中午从来不睡午觉，躺在床上也睡不着。晚上 21:30 才睡觉，有时候动作慢一点的话，22:00 才会睡着，而早上 6:00 就醒了。而且他睡觉总是出一头的汗，还要磨牙和打鼾，补了钙也没好转。现在小明小学的学习任务越来越重，妈妈担心孩子个子长不高，还影响孩子记忆力和专注力……总之，一想到孩子的睡眠就焦虑。

见到医生后，医生仔细询问了孩子白天的精神状态、情绪、学习情况，又问了孩子打鼾的频率。得知小明白天精力旺盛，情绪饱满，没有困乏，老师对孩子学习状态没有负面评价。医生告诉小明妈妈，孩子目前的睡眠情况不会有什么不良影响。

案例分析

虽然指南有推荐的睡眠时长，但每个人的睡眠需求是不同的，应当根据不同儿童的个体化需求区别对待。如果孩子白天精神状态好，没有任何不适，即使没有达到指南里睡眠时间也不需要干预。

如果孩子出现打鼾（每周超过 3 个晚上）或张口呼吸、夜间呼吸费力、呼吸暂停等，是需要到医院进行睡眠呼吸监测检查评估的。

每个孩子的身高体重发育受遗传和生长环境综合影响，其中遗传的影响更大，家长应该每年监测 1~2 次孩子的体格生长情况，由医生结合孩子的生长水平、生长速度、父母身高综合分析是否有异常发育情况。如果出现异常发育，定期监测也能及时发现并解决，家长不需要徒增焦虑，去担心可能发生也可能不会发生的事情。

孩子睡觉出汗和磨牙，是因为儿童的体表面积比成人的体表面积小，但汗腺的数目和成人相同，所以儿童出汗就比较多。另外，一些孩子在睡前喝奶，由于食物的热效应，会在入睡后 1~2 个小时出现汗多的现象，这是常见的生理现象。当然一些病理情况，如维生素 D 缺乏、贫血、结核、先天性心脏病等也会出现明显多汗，但绝大部分是生理原因引起的，家长不用过于担心。磨牙和寄生虫感染、营养素缺乏没有必然的联系，其原因尚且未知。焦虑和紧张是两个常见因素。建议睡前活动不要让孩子太过兴奋。只要不是严重磨牙，导致磨平了牙齿的咬合面，就可以暂时观察。

实操建议

健康的睡眠相关行为包括规律睡眠时间的安排、恰当的睡前行为及亲子互动、一致的就寝时间和就寝程序，避免影响睡眠食物（如咖啡、茶）的摄入和避免电子产品的使用等。每个孩子有特异性，只要没出现影响，不需要卡着指南标准去强行要求，即使出现了影响，除了家长平常观察，还需要医生的科学评估，才能有的放矢。

第四节　保护孩子视力

家长的困惑

国家卫生健康委员会 2023 年的统计数据显示，中国儿童青少年总体近视率为 52.7%，其中小学生为 35.6%，初中生为 71.1%，高中生高达 80.5%。

随着学业的加重，网课的出现，近视的孩子越来越多，发生得越来越早，保护视力是除课业以外最受上学孩子的家长关注的话题。怎么才能保护好孩子的视力呢？

关键词解读

1. 近视的发生

近视是由遗传和环境共同参与的。在遗传方面，相较于父母都不近视的孩子，单方父母近视的孩子发生近视的概率提高了 2.1 倍，而双方父母都近视的孩子发生近视的概率提高了 4.9 倍。遗传就像孩子的"出厂设置"，是没法改变的，家长们焦虑这个因素是枉然的。然而我们可以努力改善环境，让孩子慢点往"近视"这个方向去发生，或者尽量晚地发生。

在古代，大多数人的生活轨迹每天都是面朝黄土背朝天，那个时候人们的视力就可能会一直保持轻度远视。在当代社会，人们有了更多的其他生活活动，看书、写字、看电视、看手机平板、玩玩具、画画等。同时我们住进了高楼大厦，没有那么多时间接触自然光，种种原因让我们的眼球不停地在被过度使用、调节、劳累，可以说，在当代生活背景下，大家的视力是不可避免地往近视方向发展。

2. 远视储备

大多数家长对远视储备的理解，就是它的多少决定孩子是不是马上要发生近视。这个说法没错，它的确相当于孩子距离近视的风险大小，也的确是没法增加，只会减少。所有家长都希望孩子的远视储备越多越好，但是不管远视储备多还是少，家长需要进行的视力监测和预防近视措施都是一样的。不一样的，只是数值的多和少会深深地影响家长的情绪。远视储备数值，既无法回溯过去怎么少下来的，也无法预测未来将怎么变化。如果孩子没有好好地保护视力的话，他可以在很短的时间内，迅速消耗掉远视储备。所以合理用眼，减缓远视储备下降的速度，这才是最重要的。

3. 电子屏幕的是与非

一说到保护视力，家长都会激动地提到电子产品——手机、平板、电视机，也有好多家长觉得孩子最近看电子屏幕比较多而特地去检查视力。那我要告诉大家的是——电子屏幕并不背这个锅。怎么说呢？为预防近视，相较于看什么东西，用眼视物的距离更重要。当孩子近距离视物的时候，看电子屏幕和看书本在环境光线同样充足的环境下引发的视力使用效果是一样的。

那为什么看电子屏幕多的孩子更容易近视呢？这是因为相对于书本来说，孩子更容易沉迷于电子屏幕，视频、动画、游戏更吸引他，导致孩子看电子屏幕的时间更长，从而更加容易发生近视。我们应该去控制孩子近距离用眼的持续时间（不管是看书、画画、玩玩具、弹钢琴还是看电子屏幕），而不是禁止孩子接触电子屏幕。

案例分享

有一天，小亮突然告诉妈妈自己两只眼睛看东西不一样，一只眼睛看得清，另一只眼睛看着就很模糊。妈妈一下就紧张了，不会是眼睛生病了吧！于是妈妈赶紧带小亮到眼科检查，医生给出的结论是孩子一只眼睛近视了。妈妈一下子蒙了，自己虽是近视眼，但是初中才戴上眼镜的，小亮爸爸是高中近视戴上眼镜的，而小亮二年级就近视了，怎么提早这么多呀！况且自己一直很注意控制孩子电子屏幕的使用，很少看电视，平板也只有上课的时候看看，平常孩子没有玩电子游戏的习惯呀。

经过医生耐心讲解，小亮妈妈才明白。原来妈妈一直很重视孩子的教育，除了学校的学习，还额外给孩子增加了课外的学习，每天坐在书桌前学习时间太长，经常半天不间断地学习。小亮喜欢看书，经常一看就两三个小时，妈妈还感到很自豪。结果这些，都让小亮一直在持续近距离地看东西，这种持续用眼是小亮这么早就近视的重要原因。

医生还告诉小亮妈妈，孩子现在近视还很轻，暂时不用治疗及配眼镜。但是得注意健康用眼，保护好视力，定期复查了解视力变化情况，只要不快速加重就行。妈妈拿着医生告知的保护视力要点，回家决定一定要严格执行，保护好小亮的视力！

实操建议

1. 避免长时间近距离用眼

用"20-20-20"法则，即每持续用眼20分钟，至少看6米远的物体至少20秒。

2. 视物距离要适宜

（1）看书写字的距离

"三个一"原则，即"一尺、一拳、一寸"：眼睛离桌面一尺，胸离桌边一拳，手离笔尖一寸。

人体会自然地去寻找最舒服的姿势就座。要想孩子坐直，不腰背写字，就要保证下肢不会过于蜷着，即上身和下肢是呈 90 度或多一些，膝盖的弯曲度也是略微大于 90 度的，同时双手肘是在桌子边缘以外的。这样孩子会比较容易保持腰背挺直的坐姿，从而保持合适的书写、看书距离。

（2）看电子屏幕的距离

孩子最好远距离地观看大的电子屏幕，那么投影仪、电视是首选，电脑其次，平板、手机屏幕就比较小了。观看距离不短于屏幕对角线的 4 倍（至少小于 3 米），如果是观看电脑，屏幕与眼睛距离不低于 50 厘米，大概人一臂长的距离。

3. 充足的户外活动

自然光或者阳光可以阻止近视发生，所以"户外活动"可以预防近视，这里关键词是"户外"，而不是"活动"。如果晚上出去活动或在室内进行活动都是预防不了近视的。

户外的活动时长建议每天大于 2 小时。这个时间家长可能会觉得好难达到，其实我们可以利用所有的碎片时间。在课间、课间操、体育课、上学和放学的路上等时段，我们都让孩子到自然光下活动，差不多是能达到 2 小时的。

如果实在不方便出门，我们可以让孩子在家里的阳光房，或者是光照好的透明窗户旁边进行活动，也是可以最大限度预防近视的发生。如果孩子可以到户外去，也不一定得活动着，他可以在户外吃东西、聊天，甚至发呆都可以，只要他的眼睛接触了自然光。

4. 学习环境的光线

孩子晚上看书、写字时，一定要同时使用台灯和房间的顶灯，让眼前和视物周围都是亮的。台灯一般要放在右手边（如果左手写字就放右前方），即写字的手对侧的前方。

5. 建立屈光发育档案

《中国儿童青少年近视防控公共卫生综合干预行动专家共识》（2023 年）及《近视防治指南（2024 年版）》均强调了儿童视力和眼屈光发育档案的建立：24 月龄开始进行屈光筛查，筛查频率每学年不少于 2 次。

综上所述，我们希望孩子都能正确预防近视，减少近视的发生概率。

第五节　如何说，孩子才会听

家长的困惑

我们应该怎么说、怎么做，孩子才愿意听父母的话呢？

案例分享

小美妈妈一个人来到心理治疗门诊，她情绪低落，觉得很受伤、很失望。因为女儿小美最近变得越来越自私、越来越不听话，母女俩经常爆发冲突和争吵。

小美爸爸特别喜欢女儿，从小就溺爱她。小美完全不做家务，也不怎么关心别人的需求和感受，但她却期望家人按照她的意愿去做每一件事。每当她的目的没有达到的时候，就会说父母的坏话、发脾气，严重的时候甚至离家出走过，根本不在乎妈妈说什么。姥姥教育小美妈妈，一个好的家庭是不会吵架的，因此小美妈妈对小美的大部分要求都会妥协以避免小美发脾气，但她仍然会劝说小美不要只管自己，不管别人。小美听了，要么不理睬，要么大喊大叫说："烦死了，不想听。"青春期到来之后，小美变得更加以自我为中心。她常常对父母说："是你们把我带到这个世界来的，所以你们有义务全方位照顾我、满足我的需求。"小美妈妈是一个尽职尽责的人，她最大的愿望就是不顾一切去做一个好母亲，但是不可避免的，她在反复的挫折中，开始对小美的这些行为产生了强烈的怨恨情绪。

小美妈妈伤心地对老师说："我们好像只能付出，她只管索取，我真的快受不了了。"小美妈妈确定自己有什么地方做错了，但是她做梦也没有想到，这一切的原因竟然是身为母亲的自己，长期以来害怕维护自己的权利而造成的直接后果。

案例分析

小美妈妈的困惑在很多的家长身上都会有，在日常生活中，我们会遇到各种各样的沟通问题。想要孩子好好听父母在说什么，就需要父母主动去学习，找到问题的所在，学习解决问题。想要准确地找到问题，首先得区分问题到底是谁的。是父母的？还是孩子的？如果是孩子的问题，父母需要把改善的自主权交给孩子；但是如果问题是父母的，那么父母就需要去学习怎样更好地去跟孩子沟通，让他更好地理解、接纳父母的问题。

实操建议

1. 区分问题到底是谁的

能准确地区分问题的来源，真的很不容易，更别说是在亲子沟通时，双方都带了很强烈的情绪反应。对此，一个简单的区分方法就是，父母需要在平时多练习思考这样一个问题：孩子他当下这个行为是不是实际或潜在地威胁到了父母自己的需求。换句话说，孩子的行为是不是以某种具体或直接的方式对父母造成了影响。比如：妈妈非常不希望，她辛苦劳作了一下午准备的晚餐被浪费掉，爸爸就想瘫一会儿刷会儿抖音，妈妈不希望她刚买的新地毯被弄脏，或者妈妈不希望她跟闺蜜的电话粥被打断……这些时候，问题来源于父母，而不是孩子。

为什么这么说呢？我们来看以下例子。

例一：三年级时，小美把家里的玩具全部拿出来玩了一遍，然后就去写作业了，玩具散落一地。妈妈下班回来，又累又气，想到还要去满屋子收拾玩具，感觉都要爆炸了。这种行为对当下的妈妈来说是不可接纳的，这个时候她非常生气。

例二：今天是周末，小美爸爸负责买菜煮饭带孩子，妈妈出去做美美的发型，和闺蜜喝下午茶，感觉又是美好的一天。回家以后，妈妈看到满屋子的玩具，虽然觉得家里挺乱，也没感觉要爆炸，就只是笑了笑老公带娃的手忙脚乱，也就把玩具收拾了。同样的行为，对情绪稳定、压力不大时的妈妈来说是可接纳的，这个时候她不会生气。

孩子同样的行为，小美妈妈在不同时刻会有不同的反应，说明事实上问题来源于小美妈妈的情绪和状态，这个行为威胁到了小美妈妈想休息的需求，所以说问题属于小美妈妈，而不是小美。

2. 确认问题属于父母时，父母该怎样沟通？

当父母准确地意识到问题属于自己时，又该怎样和孩子沟通呢？通常父母会想到直接改变或者纠正孩子，让他们不要继续这样做。案例中的妈妈可以直接面对女儿，向她解释清楚为什么不能把玩具散落一地，希望这样可以改变女儿的行为。妈妈也可以尝试改变环境，给女儿讲清楚，每个人使用了自己的东西以后，需要把玩具收纳到自己房间的哪些区域，必要时可帮助孩子添置一些收纳玩具的设施，借着改变她的环境，希望能够改变孩子的行为。妈妈还可以改变自己，试着改变对孩子行为的态度，对自己说："孩子就是孩子啊！"或者："总有一天，她会学会收拾自己的房子的。"前两种办法并不容易达成，所以最简单的方法就是：父母改变自己。

3. 父母如何直面孩子，告诉他/她你的需求——面质技巧

现在，请你在面对以下情景时，在纸上写下自己此时会对孩子说的话。

情景一：想象自己工作了一天，已经非常疲劳，需要坐下来休息一会儿，同时想用这段时间看看晚间新闻。但是，5岁的儿子缠着你跟他玩。他不断地拽你的胳膊，爬到你的大腿上，挡住电视。陪他玩是你现在最不想做的事……

情景二：想象10岁的女儿参加了篮球队，比赛之后你会去接她。在过去的几天里，她没有在你们约好的地方等你……

情景三：想象在高速路上开车，一会儿遇上车祸，一会儿又堵车，开了一天的车还没到家，你非常疲劳。二娃突然想把后备箱里自己挖到的"化石"拿出来跟姐姐炫耀一下，就翻进了后备箱。大家喊他停下来，他仍然在翻。你又急又气……

你会怎么做？可以想象，你已经快要爆炸了。事实上，大多数父母在孩子的行为干扰了他们的生活时，会使用无效的沟通方法。那么我们一起来看看哪些沟通方法是无效的。

（1）发出解决方案信息

命令、指示、指挥式的语言："你去找点什么东西玩。""把音乐关掉!""11：00以前必须回家。""赶快去做功课。"

警告、训诫、威胁式的语言："如果你不停下来，我就要吼人了!""如果你不从我脚下出来，妈妈就会生气。""如果你不从那儿出来，把这乱七八糟的东西收拾干净，你会后悔的。"

劝告、念经、说教式的语言："当别人在说话时，不要打断别人。""你不应该那样做。""我们赶时间的时候，你不要只顾着玩。"

有些看似正确，但实际效果不佳的建议、意见或解决方案："你为什么不出去玩？""如果我是你，我就会把它忘了。""你用完每样东西以后，不能把它物归原位吗？"

这些发出解决方案的信息，可能让孩子产生抗拒心理，因为这些方式的语言表达，传达出了父母的不信任，同时让孩子觉得父母的需求比他的需求更重要，觉得父母不重视、不理解自己。

（2）发出贬损信息

很多父母不假思索地会有一些习惯反应，甚至父母当时还不一定能意识到在贬低、攻击孩子，过后，父母可能就忘记了，因为只是一句话而已。但是这些言语事实上是：评判、批评、责备的表达，比如"你应该更懂事""你做事都不用大脑的""你很不乖""你是我所知道的最不体谅别人的孩子""你会把我气死"；一些归类、嘲笑、羞辱的表达，如"你是个被宠坏的小屁孩儿""好吧，'无所不知'先生""你想做一个自私的吝啬鬼吗""你好丢脸哦"；企图解释、诊断、心理分析孩子行为的表达，比如"你只是想要获得一些关注""你想把我惹毛""你只是想看看怎样做才能把我惹急了""我在哪儿工作，你就偏偏要在哪儿玩，永远都是这样"；不知不觉之间进行教导、说教，如"打断别人的谈话是不礼貌的行为""好孩子不会那样做""如果我对你做这样的事，你会怎么想""你为什么不能听话一点""己所不欲，勿施于人""我们吃完饭不会不洗盘子"。

这些贬损信息会对孩子自我概念的发展造成破坏性的影响，带来终生无法消除的障碍，会让孩子感到父母不公平，或者感到内疚和懊悔，伤害自尊，让孩子觉得父母不爱他（她），做任何事都会激起孩子的激烈反抗和攻击。

（3）学习有效沟通方法——把"你-信息"模式变为"我-信息"模式

父母了解了无效沟通的一些实际表现，需要学习更多有效沟通的方法。那么最有效的就是把"你-信息"的表达，尽可能地变成用"我-信息"的表达，才能让孩子真正地明白父母的需求。

请大家回顾一下，你平时的表达有多少"你-信息"的惯用句式："停止/别那样做""你不该那样做""难道你不能……""你如果不住手的话，那么我就要……""你为什么不这样做？你真淘气""你的行为像个三岁小孩"。这些表达，成年人说起都可能会引起斗争和谩骂、相互指责，隐藏双方的情绪，会让人觉得不坦诚。

那么我们再来看一种和"你-信息"模式表达相对的表达形式——"我-信息"表达模式（见图4-12）。其惯用句式如下："累了的时候我不想玩""我去接你，而你不在那儿，我会觉得很沮丧""我刚收拾完厨房，就被你弄乱了，我肯定会觉得很不好受"。

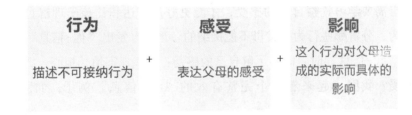

图4-12 "我-信息"表达模式

这种表达可以帮助父母真实坦诚地呈现自我，避免不良感受，帮助孩子学会为自己的行为负责任，帮助孩子人格成长，构建亲密的亲子关系。因为它让孩子更好地理解父母的感受和需求，而不是一来就用命令去压制孩子的情绪，或者隐藏情绪让孩子摸不着头脑，不知道该怎么办。

要做好"我-信息"表达，我们需要学会更好地倾听，最重要的倾听技巧，就是积极倾听。也就是说，我们不是被动地听孩子说，而是积极主动地关注孩子在说什么，且实时地反馈我们听到了什么。图4-13是"积极倾听"时的沟通过程，可以更好地帮助父母理解积极倾听的技巧。

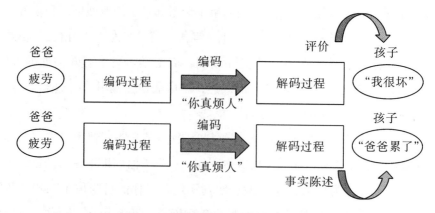

图4-13 "积极倾听"时的沟通过程

（4）正确描述不可接纳的行为，而不是评判

我们经常会不自觉地评价孩子，或者给孩子贴标签，比如："你不打电话说一声你在哪，你不会回家，真是不考虑别人的感受。"但其实我们也可以不带指责的行为描述这样同一件事："你离开学校之后，没有按时回家，也没有打电话说你要晚回来……"

父母需要学习觉察自己的感受，才能更好地表达和让孩子理解自己能接纳的行为，分辨哪些行为是父母不能接纳的。当父母发出"你-信息"时和父母发出"我-信息"时，需要了解自己的感受：生气、害怕、担心、尴尬或者其他感受？我们一起来看一个完整有效的"我-信息"例子，如图4-14所示。

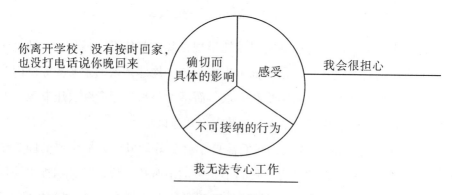

图4-14 完整有效的"我-信息"例子

小技巧：发送"我-信息"的全部目的在于对孩子施加影响，使其改变当前的行为。仅仅描述你认为不可接受的行为，并告诉他们这种行为让你心烦、生气、沮丧，是不够的。他们需要知道为什么会这样。

第六节 如何听，孩子才会说

家长的困惑

有一部分孩子，在外面挺好的，回到家里就脾气暴躁，不愿与家人交流。那家长要如何倾听，孩子才愿意吐露心声？

关键词解读

一般情况下，家长会觉得孩子的坏脾气是因为孩子性格有问题，或者受学校环境影响，却很少反思是不是自己存在问题。特别是在亲子交流的方面，家长很多时候都是单方面的输出，忽略了有效亲子沟通的重要性。有效的亲子沟通首先就要求家长是一位优秀的听众，能顺利地"诱导"孩子说出自己的真实想法和感受，以便能实现共情孩子，制定出解决问题的策略。同时有效的亲子交流还能改善孩子的不稳定情绪，增进亲子情感链接。而这种"听"的技能是可以通过效能训练不断提升的，具有可操作性，适合家庭模块化的反复训练。

案例分享

以下是一个孩子的自述：我和妈妈已经到了无法交流的地步，她整天都在说些鸡毛蒜皮的事情，然后把责任归咎于我。有一次，我担心考试会不及格，事先告诉她，我没有考好。她一听，就开始说："你为什么没有考好，是不是没有认真听课，是不是和坏学生在一起，你就不应该花时间去玩，现在马上去写作业！"然后，她就生气了。这样，我只能学着撒谎，说真的我不喜欢撒谎，但是我不得不这么做。久而久之，撒谎也不再是问题，我们就像是两个毫不相干的人在交流，谁都不会表露自己真实的感情，谁也不会说出自己真实的想法。

实操建议

1. 沉重的土壤与接纳的力量

一些父母在养育孩子的过程中极大程度地依赖于"不接受"的语言，这就是培育孩子的土壤。这些土壤都因为充满评价、判断、批评、说教、教化、警告和命令而变得沉重，这些言语会让孩子封闭自己，戴上防卫的面具，心里忐忑不安，害怕开口说话，甚至不敢看自己一眼。相反，接纳性语言可以使孩子敞开心扉，自由地与父母分享他们的情感和问题。接纳所带来的影响中，最重要的莫过于让孩子有了"被爱"的感受。父母的接纳应该表达出来，这样才好让亲子沟通的渠道建立。

2. 用非言语和言语来表达接纳

小明在客厅里专心玩飞机模型玩具，他将茶几分成了不同的功能区域，再将小飞机分类……妈妈在旁边玩手机，看到小明之后，对他说："飞机模型应该做成这样才对，飞机应该在天上飞才对，不应该在茶几上摆弄，飞机需要有停机坪才行，你得把这些飞机移动到地上玩。"孩子明显感受到被指责和批评。这时，父母若能不干涉、放手让孩子自己专心玩，就是一种有效的表达接纳的非语言方式。

在明白用语言表达接纳之前，我们要了解亲子沟通中常见的 12 种言语沟通障碍。这些沟通障碍造成孩子停止开口，使孩子感到内疚、无能，打击孩子自尊，引起自我防御，激发憎恨，使他们感到不被接纳。

（1）命令、指挥、控制："现在立刻关掉电视，先去吃饭，再去写作业。"

（2）警告、训诫、威胁："你如果不听我的，就给我滚出去。"

（3）规劝、说教、布道："你应该马上写好作业，应该尊重大人。"

（4）建议、给出解决方案或意见："我建议你不要给小美玩，你把礼物给小芳。"

（5）说服、教育、进行逻辑辩论："小孩子必须学会人与人之间的相处之道。"

（6）评论、批评、不赞同、责备："你这么做是大错特错，你完全没有想清楚这件事情。"

（7）赞扬、赞同："我认为你是对的，是小美他们的错。"

（8）归类、嘲笑、羞辱："你就是娇生惯养坏了，没有爸爸妈妈，你啥都不会干。"

（9）解释、分析、诊断："你没有认真学习，会被老师看不起，被同学孤立。"

（10）安慰、同情、安抚、支持："我知道，学校上课真的很无聊，也许明天上学就不无聊了。"

（11）调查、质问、审问："难道那些孩子没有告诉你，为什么他们不和你一起玩？"

（12）回避、分散注意力、开玩笑、转移话题："忘掉今天发生的事情，我们谈谈明天的足球课怎么样？"

这 12 种沟通障碍几乎能涵盖 90% 的亲子对话，父母可能根本就意识不到会产生的影响，这些说话方式会让孩子停止说话，将内心封闭起来，甚至孩子会觉得愤恨、自卑，感到缺乏能力等。

3. 积极倾听

那么我们现在来看看比较容易接纳的言语。

"妈妈，我今天心情很糟糕。"

"嗯，给我讲讲可以吗？"

"我换了一个新同桌，她没有之前的同桌小芳可爱，总是不说话，不理我。"

"这似乎对你很重要。"

"是的，小芳以前和我无话不说，而且下课的时候我们经常分享很多小秘密，这个新同桌都不看我一眼，我感觉她都不知道我的名字。"

"我很想知道你的看法。"

"我在想也许她很害怕我，如果我在下课的时候主动跟她谈心，也许她会放下担心，和我成为好朋友。"

以上是小美和妈妈的对话，"给我讲讲""想知道你的想法"等都用了简单的"门把手"法（邀请对方多说一点），回应中不包含倾听者本人的任何想法、判断或情绪，而是邀请和鼓励孩子分享想法、判断或情绪，为孩子开启一扇沟通之门，邀请他们开口说话。

"我真想偶尔也生病，就像小花那样，她真走运。"

"你觉得这样对你有点不公平？"

"是的，她每次生病都可以不去学校，可以在院子里玩耍，可我从来都没有过。"

"你真的希望有时候不去学校，自己在院子里玩？"

"是的，我不喜欢每天都去学校，讨厌一天又一天地上课，讨厌家庭作业，讨厌同学和老师。"

"你讨厌与学校有关的一切。"

"是的，讨厌！哦，不，不是讨厌一切，我是讨厌一群女生，他们是学校里最受欢迎的女生，既被老师表扬，又能参加很多活动，而我常常被孤立，不受欢迎。"

"你觉得自己不受欢迎，这让你很沮丧。"

"是的，没错，我真希望加入他们的行列，他们中有些成绩好，但是也有些成绩比我还差。"

"你不知道进入这个圈子需要什么条件，你感到很困惑。"

"嗯，他们有一些共同点，不仅非常友好，而且很健谈，他们经常先给你打招呼，后非常自如地交谈。我就很难做到，在一个人面前，我还能不错地交谈，但是很多人在一起的时候，我就非常紧张，有的时候手心会出汗，甚至手会紧张得发抖。"

以上是一位使用积极倾听的妈妈与女儿的对话。积极倾听是指倾听者试图准确了解发送者的情绪或信息的含义，把自己的理解转化为语言，反馈给发送者进行求证。积极倾听帮助孩子减少对负面情绪的恐惧。很多人认为，他们可以消除自己的情绪，方法是抑制它们、忘掉它们，或者想些别的。实际上，当人们受到鼓励，敞开胸怀说出困扰他们的情绪时，情绪才能得到释放。积极倾听正是鼓励这种情绪宣泄。积极倾听会影响孩子，变得更愿意倾听父母的想法和主意。当某个人愿意倾听你的观点时，你才会更乐意倾听他的观点，这是一种普遍情况。父母应积极倾听并鼓励孩子自己思考和分析问题，并发现问题的解决方案。

4. 积极倾听应具备的态度和面临的风险

如果已经决定采用积极倾听的方案，父母需要具备一些重要的态度，这样才能让积极倾听起效：

父母想要听到孩子说的话，意味着父母愿意花时间去听。如果父母没时间，只需要坦白地实话实说。

父母必须真诚地表明，在当下愿意帮助孩子解决问题。如果父母不想这么做，就等到想的时候再说。

父母必须真诚地接纳孩子的情绪，不管这些情绪是什么，也不管这些情绪与父母的情绪或者父母认为一个孩子"应该"产生的情绪有多么不同。

父母必须相信孩子有处理自己情绪的能力，并有能力为自己的问题找到解决方案。

父母必须认识到这些情绪是暂时的，不是永久性的。

父母必须把孩子看作某个独立于父母之外的人。这种"独立性"将使父母能够"允许"孩子拥有自己的情绪和自己感知世界的方式。仅仅通过感受到这种"独立性"，就能使父母成为孩子的协助者。

同时，积极倾听的时候会出现一些风险，因为这要求父母放下他自己的想法和情绪，从而可以专心地接收孩子的信息。父母要理解孩子的信息中包含的意义，必须将自己置身于孩子的位置（有共情能力），这样才能听懂孩子想要表达的意义。当一个人练习积极倾听时，要从另一个人的视角准确地理解对方的想法或情绪，要暂时将自己置于对方的位置，用他们的视角去看世界，甚至会冒着改变自己观点的风险。同时，当父母了解到孩子接收到的"新词"可能自己都没有接触和感受过时，可能会比较沮丧，比如"二次元""yyds（永远的神）""小孩哥/小孩姐"等。一个"防御型"的人，是无法忍受暴露在与自己截然不同的想法和观点之下的。因此，如果家长觉得自己很无助，就需要寻求外界的支持和专业人员的帮助。

亲爱的家长朋友们，网络发达、信息繁杂的时代总让大家搞不清楚哪种说法是正确合理的。希望通过本章的介绍，大家能遵循正确的科学理论，正确地照顾和养育孩子，让孩子身体和心理都健康成长。

第五章

爱上运动　快乐宝贝

运动滋养身心，活力点亮童年。运动不仅是孩子健康成长的基石，更是培养坚韧品格、团队合作精神和积极心态的最佳途径。家长朋友们，你们是否清楚小学六年应该如何引导孩子养成受益终身的运动习惯呢？低段：重在激发孩子的运动兴趣，培养基础运动技能，让孩子在游戏中感受运动的乐趣。中段：重在帮助孩子掌握运动技巧，培养团队合作精神，通过集体运动提升社交能力和自信心。高段：侧重于将运动与意志力培养相结合，让孩子在运动中学会坚持，在挑战中收获成长，塑造坚韧不拔的品格。

第一节　运动促进成长

家长的困惑

在孩子成长过程中，不少家长在孩子运动方面都会遇到一些困惑：一是孩子进入小学，学习压力渐渐增大，学习时间紧，周末也安排了各种课外班，没有时间运动。二是空余时间孩子沉迷手机、电视，不喜欢运动。三是家长认为孩子身体好，可以少运动点、多学习点。四是家长不知道给孩子选择什么运动项目。

相信每位家长不仅希望自己的孩子学习好，而且希望孩子拥有健康的体魄。生命在于运动，如何让孩子爱上运动并坚持运动呢？

关键词解读

运动，是可促进身体健康的身体活动，是一种涉及体力和技巧的一套规则，又有习惯所约束的行为活动，通常具有竞争性。

运动是保持人体健康的重要方式。它可以帮助提升心肺功能，增强肌肉力量和耐力，降低患疾病的风险，改善心理健康，以及提升身体外观和自信心。同时，运动也可以成为一种娱乐方式和社交渠道。它可以为人们带来快乐和满足感，并为人们提供机会与他人相互交流。

法国著名启蒙教育家卢梭有过这样的论断："若要培养学生的心智力量，最好先操练身体，使其强壮又健康，然后才会变得聪明伶俐。"如此看来，坚持运动对孩子而言，真的是一件收获颇丰的好事情。进入 21 世纪，教育部进一步强化体育在中考中的地位，并逐步提高分值权重。一名优秀的学生只有好的文化成绩是不够的，还需要有好的运动能力。

育儿实践案例

"动"出精彩

萍萍从小体质比较弱，上幼儿园经常生病。胆子也小，不会主动与人交往。一次偶然机会，她在少年宫观看了一场体育舞蹈比赛，马上喜欢上了体育舞蹈——拉丁舞，于是萍萍妈妈就为她报了一个周末班。一开始她很感兴趣，每次回家反复练习。但后来随着难度的提升，她就打退堂鼓了。

"妈妈，拉丁舞除了跳舞，还有很多体能训练，运动强度好大，好累啊，我不想练了。"

"宝贝，拉丁舞不仅是舞蹈，而且是一项很好的运动。你看，通过这两年的练习，你长高了，身体好了，变漂亮了，也更大方了。相信坚持下去，你一定会更棒的！"

　　为了让女儿继续坚持下去，萍萍妈妈坚持鼓励她积极参加各种表演或比赛活动，让她在比赛和活动中见证自己的成长。比如，她连续参加几届市体育舞蹈锦标赛，均获得"一等奖"。特别是在小学毕业之际收获很大，她在五月的拉丁舞锦标赛除了获得"一等奖"，还代表运动员在开幕式上发言；六一儿童节时，她和伙伴们炫动的拉丁舞表演，赢得了大家的一致好评。看着舞台上阳光健康、自信满满的女儿，萍萍妈妈相信她再不会轻言放弃了。是啊，挑战自我，越战越勇，越动越精彩！

"游"出新天地

　　斌斌，小时候是个十足的小胖子。开学第一眼看到他，马上就让人联想到圆鼓鼓的气球。后来从他妈妈口中得知，他从小胃口超好，能吃能睡，但不爱动，体型严重横向发展，进一年级就60多斤了。家里人也想方设法在饮食上对他进行调控，督促他参加一些运动。但由于太胖，他稍一运动就气喘吁吁，累得动不了，就不想动了。但他越不动越不想动，便越吃越胖。学习上他也是懒洋洋的，上课闷坐在那里，缺乏主动性，成绩也是中等偏下。如此情况一直持续到三年级，斌斌眼看体重快90斤了。父母实在坐不住了，下定决心要帮助斌斌减肥！

　　在医生的建议下，除了合理饮食，坚持运动迫在眉睫。妈妈通过多方了解，以及和斌斌沟通，最终选择了游泳。游泳教练要求很严格，想要偷懒根本不可能，斌斌一开始觉得很痛苦，不愿意去。此时的爸爸妈妈立场很坚定，在锻炼这件事上坚决不让步，鼓励加督促，推着他往前走。

　　斌斌在游泳的5个多月后，迎来了他人生第一个重要转折点。在教练及家人的鼓励下，他参加了当年的市青少年游泳锦标赛，并获得了50米仰泳的前六名，为区代表队挣得了3分的积分，因此还得了200多元的奖金。斌斌高兴坏了，体验到了前所未有的成就感！因为这次比赛，斌斌从此喜欢上了游泳！

　　不论严寒酷暑，斌斌每天放学后立刻去游泳馆训练。而学习这边，斌斌不仅没落下，反而一改往日的散漫，上课变得主动积极，全程投入，虽有训练，作业完成也保质保量，成绩进入中等偏上的行列。当然，斌斌也告别了小胖墩形象，阳光健康、活泼自信伴随着他一路向前！

功夫不负有心人，付出终将有收获！五年级的一天，斌斌代表所在城市参加省运会，一举达到国家二级运动员标准！好厉害的小伙子，一个非专业运动员在小小年纪居然可以达到这样的水平！斌斌并没因此停步，因为热爱，初中仍然坚持游泳训练，初三参加省运会，并进入全省前三名。由于中考成绩优秀和游泳特长的加持，斌斌如愿进入所在城市最好的高中。在高中阶段，学习和游泳依然是斌斌不变的旋律。

案例分析

以上两个案例，一开始家长是因为孩子身体瘦弱或肥胖，而选择了让孩子参加运动。在案例中我们可以看出，通过运动不仅能极大改善孩子的体质，而且能培养孩子不怕困难、坚持到底的意志力，同时有助于树立孩子的自信心，增强学习的积极主动性。第一个跳拉丁舞的女孩萍萍，越跳越大方、自信。第二个男孩斌斌，游泳不仅让他成功减肥，更是成为特长，成功的体验、满满的自信，使其学习、运动双丰收！

与此同时，也不难发现，很多家长对孩子总是无微不至地照顾着：走路担心孩子会摔着，上学担心孩子被人欺负，干活怕孩子被累着……可是，在孩子被家长保护的同时，孩子失去了一次次自我尝试的机会，也失去了尝试中可能获得的宝贵的经验。例如，孩子尝试摔跤的滋味使他们变得坚强，孩子被碰倒就有机会学会自我保护，孩子被欺负就能学会与同学和平共处，孩子干活累了能体会家长的不易与艰辛等。为了孩子健康快乐地成长，父母要多给孩子参加运动锻炼的机会，因为孩子收获的不仅是健康的体魄，还有丰满的心灵。

实操建议

如何让孩子开始运动，甚至爱上运动呢？

1. 激发兴趣

要有效激发孩子对运动的兴趣，关键在于将运动融入日常生活，并转化为一种乐趣。

（1）尊重选择，激发主动性

不要强制安排特定项目，让他们选择自己喜爱的活动。研究发现，当孩子拥有选择权时，坚持运动的可能性会显著提高。

（2）亲子共同参与，树立榜样

家长每周固定时间与孩子一起运动，孩子天然会模仿父母的行为，当看到家长享受运动时，他们也会建立积极认知。亲子互动还能增强运动的趣味性。

（3）游戏化设计，降低门槛

把运动变成闯关游戏，用计步器挑战每日步数目标，设置"连续打卡7天解锁新装备"等奖励机制。运动手环记录数据，让孩子直观看到进步，获得成就感。

（4）创造社交场景，增加趣味

邀请孩子的朋友组成运动小队，组织小型比赛（如家庭运动会）。团队协作和适度竞争能调动积极性，孩子往往更愿意和朋友一起挥洒汗水。

（5）弱化功利性，强调体验

避免用"减肥""长高"等结果导向的目标施压，多关注过程中的快乐体验。每天30分钟中等强度运动即可，可从碎片时间切入，例如上学快走15分钟+放学跳绳15分钟。坚持1~2个月形成习惯后，孩子会逐渐从运动中感受到活力和自信，从而真正爱上运动。

2. 合理选择

运动项目种类繁多，家长应根据孩子的实际情况选择适合的项目。

（1）根据孩子的身体条件选择

每个孩子的体质不同，运动项目也应因人而异。如果孩子体能较好，可以选择篮球、足球、长跑等运动量较大的项目；如果孩子体质较弱，可以从散步、羽毛球、乒乓球等强度较低的运动开始。重要的是选择适合孩子当前身体发育阶段的运动，避免过早进行高强度训练，以免造成运动损伤。

（2）根据客观条件选择

运动项目的选择还要考虑现实条件，包括场地、气候、器材等。例如，冬天不适合游泳，附近没有足球场就不宜选择足球。家长可以优先选择方便开展的项目，比如在家附近公园跑步、跳绳，或者利用学校的体育设施进行锻炼。这样既节省时间，也更容易坚持。

（3）根据孩子的兴趣选择

兴趣是最好的老师。家长可以带孩子尝试多种运动，观察他们的反应，选择他们真正喜欢的项目。例如，有的孩子喜欢团队合作，可以选择足球、篮球；有的孩子更喜欢独立活动，可以选择游泳、跑步。如果孩子对某项运动表现出浓厚兴趣，家长应给予支持，而不是强迫他们参加自己认为"更好"的项目。

3. 时间保障

运动习惯的养成需要时间和坚持，家长应合理安排孩子的运动时间。

（1）控制电子产品使用时间

限制使用电视、电脑、平板、手机等电子产品的使用时间，利用空闲时间让孩子进行更多的体育运动。当然，家长要以身作则，放下手机，和孩子一起走进户外，参加运动。

（2）控制课外班数量

孩子上小学后，一些家长抱着"不输在起跑线上"的心理，给孩子报各种补习班、兴趣班，导致孩子没有时间运动。家长应根据孩子的兴趣和需求选择合适的课外班，避免盲目跟风，减少不必要的课程，让孩子有时间运动。

（3）制订规律的运动计划

每周运动 5 次以上，每次至少半小时。可以将运动时间固定下来，比如每天晚饭后散步或周末户外活动。规律的运动计划有助于孩子形成稳定的运动习惯。

4. 运动适度

虽然运动对孩子的健康非常重要，但过度和不适当的运动也可能对身体造成负面影响。

（1）根据年龄和体质制订计划

家长应根据孩子的年龄、体质和兴趣，制定合理的运动计划。比如，幼儿适合低强度的游戏类运动，如追逐跑、跳绳；学龄儿童可以尝试球类运动或游泳。

（2）避免过度劳累

如果孩子出现肌肉疼痛或疲劳，应适当减少运动量或调整运动强度。孩子可以尝试不同的运动项目，避免长时间专注于一种运动。

（3）关注孩子的身体信号

家长应留意孩子的身体反应，如呼吸急促、脸色苍白等，及时调整运动计划。运动后可以教孩子做一些简单的拉伸，帮助身体恢复。

5. 融入自然

除了常规的运动项目，家长还可以带孩子走进大自然，拓展运动场景。比如，周末去爬山、徒步、骑自行车，或者在公园里玩飞盘、放风筝。大自然的环境不仅能让孩子放松心情，还能激发他们的探索欲望和运动兴趣。研究表明，户外运动对孩子的身心发展有显著益处，能提高专注力、增强免疫力，并减少压力。

我们始终坚信生命在于运动，运动能增强体魄、健全人格、锻炼意志，凝聚和焕发青春力量！尤其是正在不断成长的孩子，父母更应该带着他们一起去运动，通过运动实现"文明其精神，野蛮其体魄"。未来的生活很精彩，可这需要健康的身体作为保障。

第二节　秋千带走孤独

家长的困惑

生活中总有些孩子不能像大多数孩子那样自如地交往、学习和活动，他们显得那么内向、孤独。这样的孩子可能患有不同程度的孤独症。每个孤独症儿童的家长都希望自己的孩子能像正常孩子一样在宽敞的运动场上奔跑、在明亮的教室里学习、在美丽的舞台上翩翩起舞……那么，如何带领这些孩子叩开通往健康生活的大门，有效融入正常孩子的学习生活，在自由自在的学习中健康成长呢？

关键词解读

孤独症是一种神经发育障碍性疾病，通常在婴幼儿期（3 岁前）显现，主要表现为社会交往、语言沟通、行为模式等方面的异常。其核心特征与脑功能发育异常相关，可能受遗传、围产期环境等因素影响。

秋千是一种由悬挂支点、载具（座椅）及摆动机构组成的娱乐或训练装置，通过重力势能与动能的周期性转换实现往复摆动运动。

带走本指通过人力或工具将物体从当前场所转移至他处，在这里指孤独症儿童行为矫正中，通过感统训练缓解部分症状，通过移除非期望刺激物来减少问题行为发生频率，帮助这些儿童重建环境安全感。

育儿实践案例

秘密基地

有一天，体育老师来到课堂时，发现班上多了一个"大孩子"。这位"大孩子"牵着一个小男孩站到了队列的最后面。同学们七嘴八舌地说，这个小男孩是班上来了一位新同学，而且这位新同学很怪，不和同学们说话，课上有时还要站起来大声说话，有时还在教室里乱跑，课间也不和同学们玩，总是自己一个人溜达。后来通过沟通了解到，原来小男孩叫阳阳，是一个孤独症儿童，"大孩子"是阳阳的妈妈，正在陪读。阳阳妈妈之所以陪读，是因为通过专业机构评判分析，建议孩子通过正常的学习生活来调节孩子现有的紧张心理状态、逐步摆脱自我孤独，融入社会。

为了让孩子尽快适应学校的校园生活，在老师的建议下，阳阳妈妈牵着孩子的小手走过了校园里的每一处地方，实验室、图书馆、舞蹈室、创客教室、种植基地、气象观测站、运动场，最后孩子的目光聚焦到了运动场边上的一架秋千上，几个小朋友正在秋千上玩得不亦乐乎，他们有的推着，有的荡着，笑声飘荡着。妈妈的心一阵激动，连忙问他："想玩吗？"他看着秋千，点了点头。于是，妈妈带着他第一次坐上了校园的秋千。也不知道秋千的魔力有多大，从此以后，只要在体育课堂上，他一有空就会在"大孩子"妈妈的陪伴下荡秋千，从最开始有人陪伴到后来自己去玩，他的话多了，胆子大了，朋友也多了，慢慢地，"大孩子"妈妈再也不用牵着他的手走路、上课了。

毕业前夕，阳阳悄悄地告诉体育老师，秋千场地是他的"秘密基地"。

我想随风摇摆

开学不久，体育老师发现班上有一位小朋友小军的行为举止和其他小朋友有一些差异，说话的语速较慢，口齿不清楚，反应不够灵敏，协调性差等，于是，老师和小军家长沟通，看到底是什么情况，希望了解后能有针对性地调整教学策略。后来才得知，小军是孤独症儿童，家长碍于面子，一直没有跟老师说出实情。

老师查阅了相关资料，决定还是从身边的小事开始，慢慢引导小军，尽力给他提供健康成长的平台，帮助他逐步走出孤独，适应社会。

在游戏活动中，根据孩子的实际情况采用旋转接物、秋千接物等一些小游戏，让孩子在活动中体会到成长的快乐。尤其是在秋千上的活动，小军是最高兴的，他会随着秋千的摆动，时而大声地高呼，时而敞开心扉开怀大笑。在老师的建议下，小军妈妈也坚持天天陪伴他，时常带他到小区的运动场去玩秋千，慢慢地，随着时间的推移，孩子的自我能力逐渐增强，口齿清晰了，语言表达比较流畅了，动作也协调多了。

临近毕业时，小军妈妈感激地告诉老师，非常感谢老师的引导和付出，小军才能走出孤独，否则，像原来那样发展下去，她真不敢想象今天孩子会是什么样子。小军也满脸笑容，开心地说他想像秋千一样随风摇摆。

案例分析

在案例"秘密基地"中，家长自主承担了对孩子的引导、陪伴、活动的大部分事情，孩子孤独症的症状非常明显。后来老师建议带孩子多出去走走，玩玩喜欢的秋千运动项目，家长通过这种方式引导孩子克服自身障碍，健康成长。

在案例"我想随风摇摆"中，家长碍于面子，从保护孩子隐私的角度出发，没有第一时间跟老师沟通孩子的身体情况，在前期的教育和引导的过程中存在家校信息不畅的局面。这也是导致针对孤独症儿童的教育策略在实施过程中滞后的主要原因。这个孩子通过长时间的引导，也克服了自身的一些障碍。当然，是否完全康复还需要专业机构的进一步评判。

在丰富的体育运动项目中，秋千运动是孩子们非常乐于参与的运动项目，该项目有着丰富的文化历史底蕴，在世界各地都留下了足迹。同时秋千与孤独症也紧密联系，主要体现在感觉统合疗法中。感觉统合疗法是一种常用于孤独症谱系障碍患者的干预方法，旨在帮助他们更好地处理和整合来自环境的感觉信息，在孤独症治疗中扮演了重要角色。

实操建议

如何让孤独症孩子喜欢秋千？

在感觉统合疗法中，秋千通常与其他工具（如平衡板、蹦床、滑梯等）结合使用，以提供多样化的感觉刺激。我们会根据孤独症孩子的具体需求设计个性化的活动，帮助他们改善感觉处理能力、情绪调节和运动技能，更好地适应环境。秋千是综合干预计划中的一部分，而不是独立的治疗方法。

1. 了解孩子的需求

在开始秋千运动之前，需要了解孩子的具体需求和偏好：

（1）孩子是否喜欢摇摆运动？

（2）孩子对前庭刺激（平衡和运动感）的反应如何？

（3）是寻求更多刺激，还是对刺激过度敏感？

（4）孩子的情绪状态和注意力水平如何？

我们通过观察和评估，可以为孩子设计适合的秋千活动。

2. 选择合适的秋千

秋千的类型会影响孩子的体验。以下是一些常见的秋千类型：

（1）平台秋千：适合需要稳定支持的孩子。

（2）吊床秋千：提供轻柔的摇摆，适合放松。

（3）轮胎秋千：提供更多的动态运动，适合喜欢刺激的孩子。

（4）旋转秋千：适合喜欢旋转和速度的孩子。

我们可根据孩子的需求和喜好选择适合的秋千。

3. 设计秋千活动

以下是一些具体的秋千活动，我们可以根据孩子的能力和发展目标进行调整：

（1）舒缓活动（适合焦虑或过度敏感的孩子）

①让孩子坐在秋千上，轻轻摇摆，帮助放松情绪。

②使用吊床秋千，让孩子躺在上面，缓慢摇摆，提供安全感。

（2）刺激活动（适合寻求前庭刺激的孩子）

①加快秋千的摆动速度或增加摆动高度。

③使用旋转秋千，让孩子体验旋转运动。

③结合其他活动，如让孩子在秋千上接球或触摸目标物，增强趣味性。

（3）互动活动（促进社交和沟通）

①与孩子一起玩秋千，轮流推对方，促进互动。

②在秋千活动中加入简单的指令或游戏，如"停"和"开始"，帮助孩子练习听从指令。

（4）感觉统合活动

①在秋千上加入其他感觉刺激，如让孩子手持不同质地的物品（如毛绒玩具、光滑的球），或听音乐。

②结合视觉任务，如让孩子在摇摆时注视某个目标或完成拼图。

4. 观察和调整

在秋千活动中，密切观察孩子的反应：

（1）如果孩子表现出不适（如紧张、哭闹），应减缓运动或停止活动。

（2）如果孩子表现出兴趣和愉悦，可以适当增加活动强度或时间。

（3）根据孩子的进步，逐步调整活动难度和目标。

5. 建立规律和安全感

（1）将秋千活动纳入孩子的日常日程，建立规律性，帮助孩子适应和期待。

（2）在活动中保持一致的节奏和语言提示，增强孩子的安全感。

6. 结合其他疗法

秋千运动可以作为综合干预计划的一部分，再结合以下疗法：

（1）语言治疗：在秋千活动中加入语言练习，如命名物品或描述动作。

（2）行为疗法：通过秋千活动奖励孩子的积极行为。

（3）职业治疗：通过秋千运动提高孩子的精细动作和身体协调性。

7. 注意事项

（1）安全第一：确保秋千设备稳固，活动空间安全，避免孩子受伤。

（2）适度进行：避免过度刺激，特别是对前庭刺激敏感的孩子。

（3）尊重孩子的意愿：如果孩子表现出抗拒，不要强迫，尝试其他感觉统合活动。

8. 与专业人士合作

如果可能，家长与感觉统合治疗师、职业治疗师或特殊教育老师合作，制定适合孩子的个性化秋千活动计划。

总之，秋千运动可作为孤独症儿童感统训练和情绪调节的辅助工具。通过运动，孤独症儿童可以获得身体、情绪和社交方面的多重益处。其效果需结合个体差异及系统性干预方案实施。

第三节　常见运动项目及运动量表

常见运动项目

1. 跑

跑是人体基本的活动方式之一，是各项运动的基础。通过各种形式的跑（如快速跑、耐力跑、接力跑、障碍跑等），发展学生速度、力量和灵敏等身体素质，提高身体协调性、灵活性，促进下肢力量和心肺功能提高；培养勇敢顽强、克服困难、团结协作等良好品质。

适合学段：1~6年级。

2. 跳跃

跳跃是人体基本身体活动能力之一，在日常生活、生产劳动、体育娱乐中跳跃是最基本的动作方式之一。跳跃能发展灵敏、速度、协调和力量等身体素质，增强弹跳力、培养观察力、目测力和不畏困难、积极进取的意志品质。

适合学段：1~2 年级［模仿动物跳（青蛙跳、袋鼠跳、小兔跳）、立定跳远］，3~6 年级（立定跳远、跳高）。

3. 跳绳

跳绳是一项老少皆宜的全身性有氧运动，它能发展身体的灵敏性、协调性及判断力、弹跳力和控制身体的能力，促进肌肉、骨骼、内脏器官和神经系统等全面发展；培养学生果断、机敏和集体密切配合、团结协作的精神。

适合学段：1~6 年级。

3. 球类活动

球类活动，是小学生十分喜爱的体育活动。它具有很强的趣味性、竞争性、对抗性、集体性和全面锻炼身心的价值。球类运动能发展学生灵敏、协调、速度、力量等素质；增强呼吸、循环及内脏器官功能，培养机敏、果断、顽强、勇敢等心理素质以及团结协作、相互帮助的集体主义精神和规则意识。

适合学段：1~6 年级（篮球、足球、乒乓球、羽毛球），5~6 年级（排球）。

5. 游泳

游泳是在阳光、空气和水相结合的环境中进行身体锻炼的项目，与其他项目相比具有比较全面的健身性和娱乐性，是一项终身体育运动。它不仅能发展学生的有氧耐力、协调性、柔韧性等素质，还能提高心肺功能；培养学生在活动中勇于克服困难的品质，努力消除怕水心理，同时也是一种生存技能。

适合学段：1~6 年级。

6. 轮滑

轮滑也叫"溜旱冰"，是一项集健康、娱乐、技巧、艺术、休闲于一体的运动项目。轮滑运动能够全面发展人的力量、速度、耐力、灵敏等各方面素质，带给学生运动的乐趣和成长体验，培养学生勇敢顽强、克服困难的优良品质和自信心。

适合学段：1~6 年级。

7．武术

武术又称国术，是我国劳动人民在长期生产、生活实践中创造发展起来的宝贵的民族文化遗产之一，是集强身健心、增进健康、防病祛病、锻炼意志、防身自卫于一体的具有独特民族风格的体育项目。

适合学段：1~6 年级。

8．韵律活动和舞蹈

韵律活动和舞蹈是指在音乐伴奏下，富有情感地通过身体进行的表现活动。它们能发展学生身体的协调性、柔韧性、韵律感和节奏感，激发想象力、表现力、创造力，培养良好的身体姿态以及文明行为，陶冶美的情操，可谓健身、健心一举两得。

适合学段：1~6 年级。

运动量表

表 5-1 至表 5-6 展示了《国家学生体质健康标准》中小学各年级的运动评分标准。

表 5-1　小学一、二年级男生运动评分标准

等级	单项得分	50 米跑/秒	25 米×2往返跑/秒	立定跳远/米	投沙包/米	坐位体前屈/厘米	1 分钟跳绳/次	30 秒踢毽子/次
优秀	100	9.4	9.8	1.56	23.6	12.4	140	45
	98	9.5	10.0	1.55	22.3	12.1	134	43
	96	9.6	10.3	1.54	20.5	11.6	124	40
	94	9.7	10.6	1.53	18.6	11.2	115	38
	92	9.8	11.0	1.51	16.0	10.6	103	34
	90	9.9	11.4	1.49	13.5	10.0	90	30
良好	87	10.1	11.5	1.47	12.9	9.4	86	29
	84	10.5	11.8	1.43	11.9	8.5	81	28
	81	10.8	12.0	1.39	10.9	7.6	75	26
	78	11.3	12.3	1.35	9.6	6.4	68	24
	75	11.8	12.5	1.30	8.4	5.3	60	22

表5-1（续）

等级	单项 得分	50米跑 /秒	25米×2 往返跑/秒	立定跳远 /米	投沙包 /米	坐位体前屈 /厘米	1分钟跳绳 /次	30秒踢毽子 /次
及格	72	11.9	12.8	1.27	7.9	4.6	56	21
	69	12.1	13.2	1.23	7.3	3.5	51	20
	66	12.2	13.6	1.19	6.7	2.5	45	19
	63	12.4	14.1	1.13	5.9	1.1	38	17
	60	12.6	14.6	1.07	5.0	-0.3	30	15
不及格	50	12.7	15.0	1.06	4.8	-0.9	28	14
	40	12.9	15.7	1.03	4.5	-1.7	24	12
	30	13.0	16.4	1.00	4.1	-2.5	20	10
	20	13.2	17.3	0.97	3.7	-3.7	15	8
	10	13.4	18.2	0.93	3.2	-4.8	10	5

表5-2　小学一、二年级女生运动评分标准

等级	单项 得分	50米跑 /秒	25米×2 往返跑/秒	立定跳远 /米	投沙包 /米	坐位体前屈 /厘米	1分钟跳绳 /次	30秒踢毽子 /次
优秀	100	9.9	10.1	1.47	21.6	15.1	145	40
	98	10.0	10.3	1.46	20.1	14.9	138	38
	96	10.1	10.6	1.44	17.9	14.5	128	35
	94	10.2	11.0	1.43	15.7	14.1	118	33
	92	10.3	11.4	1.40	12.8	13.5	104	29
	90	10.5	11.9	1.38	9.9	13.0	90	25
良好	87	10.7	12.0	1.36	9.4	12.3	86	24
	84	11.1	12.3	1.32	8.6	11.3	81	22
	81	11.5	12.5	1.29	7.8	10.2	75	20
	78	12.0	12.7	1.25	6.8	8.9	68	18
	75	12.5	13.0	1.20	5.7	7.5	60	15

表5-2(续)

等级	单项得分	50米跑/秒	25米×2往返跑/秒	立定跳远/米	投沙包/米	坐位体前屈/厘米	1分钟跳绳/次	30秒踢毽子/次
及格	72	12.6	13.3	1.18	5.4	6.7	56	14
	69	12.7	13.7	1.14	5.0	5.5	51	13
	66	12.9	14.1	1.10	4.6	4.4	45	12
	63	13.0	14.6	1.05	4.0	2.8	38	11
	60	13.2	15.1	0.99	3.5	1.2	30	9
不及格	50	13.3	15.3	0.98	3.3	0.8	28	8
	40	13.5	15.7	0.95	3.1	0.1	24	7
	30	13.7	16.0	0.92	2.9	−0.5	20	6
	20	13.9	16.5	0.89	2.6	−1.4	15	5
	10	14.1	17.0	0.86	2.4	−2.3	10	3

表5-3　小学三、四年级男生运动评分标准

等级	单项得分	50米跑/秒	25米×2往返跑/秒	立定跳远/米	掷实心球/米	坐位体前屈/厘米	1分钟跳绳/次	1分钟仰卧起坐/次
优秀	100	8.6	9.4	1.78	9.5	12.9	160	48
	98	8.7	9.5	1.77	9.2	12.6	154	47
	96	8.8	9.7	1.75	8.7	12.1	144	46
	94	8.9	9.8	1.74	8.3	11.7	135	44
	92	9.0	10.1	1.72	7.6	11.1	123	42
	90	9.1	10.3	1.70	7.0	10.5	110	40
良好	87	9.3	10.5	1.68	6.9	9.9	106	39
	84	9.6	10.9	1.65	6.7	8.9	101	38
	81	9.8	11.3	1.61	6.5	8.0	95	37
	78	10.2	11.7	1.57	6.3	6.7	88	35
	75	10.5	12.2	1.53	6.0	5.5	80	34

表5-3(续)

等级	单项得分	50米跑/秒	25米×2往返跑/秒	立定跳远/米	掷实心球/米	坐位体前屈/厘米	1分钟跳绳/次	1分钟仰卧起坐/次
及格	72	10.6	12.3	1.50	5.9	4.7	75	32
	69	10.8	12.5	1.45	5.7	3.5	68	30
	66	10.9	12.6	1.41	5.5	2.4	60	27
	63	11.1	12.8	1.35	5.3	0.8	50	24
	60	11.2	13.0	1.29	5.0	−0.8	40	21
不及格	50	11.3	13.2	1.28	4.6	−1.4	37	20
	40	11.4	13.5	1.26	4.1	−2.2	32	18
	30	11.6	13.8	1.23	3.5	−3.1	28	17
	20	11.7	14.1	1.20	2.8	−4.2	21	15
	10	11.9	14.5	1.17	2.0	−5.3	15	13

表5-4　小学三、四年级女生运动评分标准

等级	单项得分	50米跑/秒	25米×2往返跑/秒	立定跳远/米	掷实心球/米	坐位体前屈/厘米	1分钟跳绳/次	1分钟仰卧起坐/次
优秀	100	9.0	7.8	1.67	8.2	15.4	165	48
	98	9.1	8.1	1.66	7.8	15.1	159	47
	96	9.2	8.6	1.65	7.3	14.6	149	46
	94	9.3	9.0	1.64	6.7	14.2	140	44
	92	9.4	9.7	1.62	6.0	13.6	128	42
	90	9.5	10.3	1.60	5.2	13.0	115	40
良好	87	9.7	10.5	1.58	5.0	12.3	111	39
	84	10.0	10.9	1.54	4.8	11.3	106	38
	81	10.3	11.2	1.51	4.6	10.2	100	37
	78	10.7	11.7	1.46	4.2	8.8	93	35
	75	11.1	12.2	1.41	3.9	7.4	85	34

表5-4（续）

等级	单项得分	50米跑/秒	25米×2往返跑/秒	立定跳远/米	掷实心球/米	坐位体前屈/厘米	1分钟跳绳/次	1分钟仰卧起坐/次
及格	72	11.2	12.3	1.38	3.8	6.6	80	32
	69	11.4	12.4	1.34	3.5	5.4	73	30
	66	11.5	12.6	1.30	3.2	4.1	65	27
	63	11.7	12.8	1.25	2.9	2.5	55	24
	60	11.8	13.0	1.19	2.5	0.9	45	21
不及格	50	11.9	13.1	1.18	2.4	0.4	42	20
	40	12.0	13.4	1.16	2.2	−0.2	37	18
	30	12.2	13.7	1.13	2.0	−0.9	32	17
	20	12.3	14.1	1.10	1.7	−1.7	25	15
	10	12.5	14.5	1.07	1.5	−2.6	18	13

表5-5　小学五、六年级男生运动评分标准

等级	单项得分	肺活量体重指数	400米跑/分和秒	50米×8往返跑/分和秒	50米跑/秒	25米×2往返跑/秒	立定跳远/米	掷实心球/米	坐位体前屈/厘米	1分钟仰卧起坐/次	1分钟跳绳/次	篮球运球/秒	足球颠球/次	排球垫球/次
优秀	100	80	1′12″	1′24″	8.0	8.8	1.98	12.0	13.3	50	160	11.8	40	30
	98	79	1′14″	1′26″	8.1	8.9	1.97	11.6	13.0	49	155	12.3	38	29
	96	78	1′18″	1′28″	8.2	9.1	1.95	11.1	12.5	48	148	13.0	35	28
	94	76	1′20″	1′30″	8.3	9.3	1.93	10.5	12.1	47	140	13.6	33	26
	92	74	1′24″	1′33″	8.4	9.5	1.91	9.8	11.4	45	130	14.5	29	24
	90	73	1′28″	1′36″	8.5	9.7	1.89	9.0	10.8	43	120	15.4	25	22
良好	87	71	1′31″	1′39″	8.7	9.9	1.87	8.9	10.1	42	116	15.8	24	21
	84	69	1′33″	1′43″	8.9	10.1	1.83	8.7	9.1	40	111	16.5	22	20
	81	66	1′37″	1′47″	9.2	10.4	1.79	8.1	8.1	39	105	17.2	21	19
	78	63	1′41″	1′51″	9.6	10.6	1.74	8.3	6.8	37	98	18.1	18	18
	75	60	1′45″	1′55″	9.9	10.9	1.70	8.0	5.4	35	90	19.0	16	16

表5-5（续）

等级	单项得分	肺活量体重指数	400米跑/分和秒	50米×8往返跑/分和秒	50米跑/秒	25米×2往返跑/秒	立定跳远/米	掷实心球/米	坐位体前屈/厘米	1分钟仰卧起坐/次	1分钟跳绳/次	篮球运球/秒	足球颠球/次	排球垫球/次
及格	72	58	1′47″	1′58″	10.0	11.1	1.67	7.8	4.6	33	84	19.9	15	15
	69	55	1′49″	2′02″	10.1	11.4	1.62	7.4	3.3	31	76	21.2	14	14
	66	53	1′51″	2′06″	10.2	11.7	1.58	7.0	2.1	28	68	22.5	13	13
	63	49	1′53″	2′10″	10.4	12.1	1.52	6.5	0.4	25	56	24.2	12	11
	60	45	1′55″	2′15″	10.5	12.4	1.46	6.0	−1.3	22	45	26.0	10	9
不及格	50	44	2′05″	2′25″	10.6	12.6	1.45	5.7	−1.9	21	41	27.1	9	8
	40	42	2′15″	2′35″	10.7	12.9	1.42	5.2	−2.8	19	36	28.8	8	7
	30	40	2′25″	2′45″	10.8	13.2	1.39	4.7	−3.8	18	30	30.5	7	6
	20	37	2′35″	2′55″	11.0	13.6	1.36	4.1	−5.0	16	22	32.7	5	5
	10	35	2′45″	3′05″	11.1	14.0	1.32	3.4	−6.2	14	15	35.0	3	3

表5-6　小学五、六年级女生运动评分标准

等级	单项得分	肺活量体重指数	400米跑/分和秒	50米×8往返跑/分和秒	50米跑/秒	25米×2往返跑/秒	立定跳远/米	掷实心球/米	坐位体前屈/厘米	1分钟仰卧起坐/次	1分钟跳绳/次	篮球运球/秒	足球颠球/次	排球垫球/次
优秀	100	73	1′12″	1′24″	8.4	8.4	1.86	12.4	15.9	50	165	12.9	40	27
	98	72	1′14″	1′26″	8.5	8.6	1.85	11.7	15.6	49	160	13.5	38	26
	96	71	1′18″	1′28″	8.6	8.9	1.83	10.7	15.1	48	153	14.5	35	25
	94	70	1′20″	1′30″	8.7	9.3	1.81	9.7	14.6	47	145	15.4	33	24
	92	68	1′24″	1′33″	8.8	9.7	1.79	8.3	13.9	45	135	16.7	29	23
	90	67	1′28″	1′36″	8.9	10.2	1.77	6.9	13.3	43	125	18.0	25	21
良好	87	65	1′31″	1′39″	9.1	10.3	1.74	6.7	12.6	42	121	18.8	24	20
	84	63	1′33″	1′43″	9.4	10.5	1.71	6.4	11.5	40	116	19.9	22	19
	81	61	1′37″	1′47″	9.6	10.7	1.67	6.2	10.4	39	110	21.0	21	18
	78	58	1′41″	1′51″	10.0	11.0	1.62	5.8	8.9	37	103	22.5	18	17
	75	55	1′45″	1′55″	10.3	11.2	1.57	5.4	7.4	35	95	24.0	16	15

表5-6（续）

等级	单项得分	肺活量体重指数	400米跑/分和秒	50米×8往返跑/分和秒	50米跑/秒	25米×2往返跑/秒	立定跳远/米	掷实心球/米	坐位体前屈/厘米	1分钟仰卧起坐/次	1分钟跳绳/次	篮球运球/秒	足球颠球/次	排球垫球/次
及格	72	53	1'47"	1'58"	10.4	11.4	1.54	5.2	6.6	33	89	24.9	15	14
	69	50	1'49"	2'02"	10.6	11.8	1.50	4.9	5.3	31	81	26.2	14	13
	66	47	1'51"	2'06"	10.7	12.1	1.46	4.6	4.1	28	73	27.5	13	12
	63	44	1'53"	2'10"	10.9	12.5	1.40	4.2	2.4	25	61	29.3	12	11
	60	40	1'55"	2'15"	11.0	13.0	1.34	3.8	0.7	22	50	31.0	10	9
不及格	50	39	2'05"	2'25"	11.1	13.5	1.33	3.7	0.2	21	46	32.1	9	8
	40	37	2'15"	2'35"	11.2	14.4	1.31	3.4	-0.6	19	41	33.8	8	7
	30	36	2'25"	2'45"	11.3	15.2	1.28	3.2	-1.4	18	35	35.5	7	6
	20	34	2'35"	2'55"	11.5	16.3	1.25	2.9	-2.4	16	28	37.8	5	5
	10	32	2'45"	3'05"	11.6	17.5	1.22	2.6	-3.4	14	20	40.0	3	3

　　亲爱的家长朋友们，没有一种快乐能像运动那样让人充满活力，也没有一种成长能像坚持运动那样让人变得坚韧。运动是孩子健康成长的基石，也是塑造自信与毅力的钥匙。爱孩子，就让孩子在运动中挥洒汗水，在快乐中茁壮成长吧！让运动成为孩子一生的伙伴，让健康与快乐伴随他们走向更远的未来！

第六章

学会劳动　美好生活

"纸上得来终觉浅，绝知此事要躬行。"劳动，是一切知识的源泉。家长朋友们，您是否很想知道如何在生活实践中引导孩子热爱劳动、智慧劳动并处理好劳动与知识学习的关系呢？本章将从"培养劳动习惯，奠基成长之路""解锁劳动智慧，启迪心灵之光""融合学科劳动，激发创新活力"三个维度为您解惑，让孩子在劳动中创造，在劳动中成长。

第一节　培养劳动习惯，奠基成长之路

家长的困惑

通过本书的调查问卷，家长反馈有如下信息：一是孩子不会整理和保管自己的东西，如书、作业本、美术和手工用具等经常忘记带或弄丢；二是不管家长多忙多累，孩子没有主动帮着做家务的意识；三是孩子做事情动作慢、头绪乱、没耐心、不能持之以恒等。

以上现象的发生，归根结底是孩子劳动能力弱，没有形成劳动的意识，更没有养成良好的劳动习惯。那么，如何培养孩子的劳动意识和劳动习惯，

为孩子未来成长为"有理想、有担当、有本领"的国家栋梁以及一个自食其力、幸福感满满的劳动者打下良好的基础呢？

关键词解读

什么是**劳动**？在《义务教育劳动课标（2022 年版）》中，劳动是创造物质财富和精神财富的过程，是人类特有的基本社会实践活动。劳动包含了生活劳动、生产劳动和服务性劳动。

为证明劳动的重要性，美国哈佛大学的一些社会学家和儿童教育专家曾经对波士顿 456 名少年儿童的家务劳动情况做了一项长达 20 年的跟踪调查。这项调查结果显示：爱做家务的孩子与不爱做家务的孩子相比，其长大后的失业率为 1：7，犯罪率为 1：10，爱做家务的孩子平均收入比不爱做家务的孩子高出 20%。

为什么爱劳动的孩子与不爱劳动的孩子相比其长大后会有如此大的差异呢？因为劳动能使孩子逐步形成适应个人终身发展和社会发展所需要的正确的价值观、必备品格和关键能力。首先，孩子在劳动中会懂得：人人都要劳动，劳动创造财富，劳动创造美好生活。其次，在劳动中，孩子能形成动手能力，学会自我管理和团队合作。最后，劳动能培养孩子吃苦耐劳、持之以恒、责任担当、团结互助的品质，培育爱岗敬业、创新奉献、精益求精、追求卓越的工匠精神。

育儿实践案例

好习惯促成长

小雨，1996 年生，是"70 后"父母所生的独生子女一代。小雨父母十分注重培养孩子的劳动习惯。她妈妈阿芳常说：作为父母首先是要把自己的孩子培养成会生活、会工作的普通劳动者。小雨小学四年级暑假的一天，朋友到阿芳家做客。小雨爸爸一大早去单位开会了，中途雨爸打电话回来，问小雨和雨妈早餐怎么吃的。小雨答："我起得早，自己炒了蛋炒饭吃。我妈妈起得晚，我给她煮了碗汤圆。"那天中午，朋友也品尝到了小雨做的魔芋烧鱼和焖炒空心菜。她去市场买菜、买鱼、买配料，亲力亲为；烧鱼前她一边有条不紊地准备，一边安排妈妈择空心菜；饭后，小雨和妈妈一边聊天，一边一起洗碗、收拾厨房。小雨动作干净利索，看得出，这就是他们生活的常态。

初三的寒假，大多数家庭的孩子忙于在家刷题或上补习班，朋友跟阿芳打电话闲聊，顺便问及小雨在干嘛。阿芳回答："她这会儿正在厨房里洗猪肚呢。她说她今天要做一个猪肚炖鸡，说猪肚要多清洗几遍才不会有腥味。"

看到小雨对厨艺感兴趣，你是否以为小雨除了家务、厨艺，就没其他爱好？其实，小雨也喜欢拉二胡，她从七岁起就练习二胡。拉二胡是她上高中前每一天的必修课。小雨还喜欢民族舞，一路从小学跳到初中二年级，并曾多次被选拔参加四川省大型舞蹈节目演出。

初中毕业，小雨顺利考入成都七中。高一的暑假她参加了英语夏令营，其出色的组织协调能力和超强的执行力被老师看中。从此，她高中的每个假期都跟随夏令营组织活动。三年后，小雨以优异成绩考入上海外国语大学英语和工商双学位专业。

迈入大学后，从小做家务、爱劳动的小雨进入了一个更广阔的"劳动"（活动）天地。经过激烈竞争和层层筛选，她被招募进国际经济学商学学生联合会（AIESEC）。从此在整个大学阶段，她一边忙于双学位专业的学习，一边奔走于国内各大学及各大城市，乃至印度、泰国、日本等其他国家，积极参加志愿者服务活动和青年领导力训练。在参加这些活动的过程中，她开始思考自己作为一个青年人的时代命运和国际担当，并将自己所从事的劳动、活动与青年人应肩负的时代命运、国际担当连在了一起。她说自己的人生信条就是"学习使人快乐，工作使人进步，困难使人成长"。

大学毕业后，小雨以优异的成绩进入新加坡南洋理工大学金融专业读研。毕业后她被全球四大会计师事务所之一的安永公司录用。她把工作当学习，把学习当生活，在紧张忙碌的工作之余考取了CFA（特许金融分析师）证书、ACA（英格兰及威尔士特许会计师）证书。在安永公司，小雨最初从一个小审计员做起，现在她已从事财务咨询工作。其学习力、沟通能力、吃苦耐劳的精神成为她应对全球各种复杂项目效益分析的重要基础。

案例分析

解读小雨整个学习和成长的生涯，我们不难看出劳动习惯对于塑造一个孩子的品格、对于一个孩子成长的重要性。做家务、练二胡、练跳舞、假期组织英语夏令营、做志愿者并成为志愿者的领导者等这一切活动归根结底都属于劳动。正是在持之以恒的、多样化的劳动中，小雨拥有了吃苦耐劳、勇往直前、责任担当等的精神品格。她的父母从培养一个普通劳动者的目标出发，收获了一个行走于世界的国际劳动者。

与此相反，父母如果只要孩子学习，不让孩子劳动，那么这种养尊处优、包办代替式的家庭教育是很难培养出时代新人的。在那样的环境和养育方式下成长起来的孩子，不仅难以成为党和国家真正的建设者和接班人，甚至连家庭责任都难以担当，更甚者在未来的社会里可能连自食其力都困难。

实操建议

家长该如何来培育孩子的劳动意识和劳动习惯呢？

1. 让孩子自己动手

爸爸妈妈要有"装懒"和"示弱"的智慧，对孩子的事不包办、不代替，让孩子自己动手去做。

2. 有劳动课程意识

爸爸妈妈要把劳动当成一门课程来看，要有劳动课程意识。孩子偶尔洗一次碗、拖一次地等只是单纯的体验式劳动，不是持之以恒地融入习惯的劳动，这样的劳动不能建构儿童的精神世界。因为纯形式的活动和劳动极可能游离于儿童的学习生活经验之外，只指向了育人的边缘，还没有指向儿童发展的核心。儿童劳动的培养需要课程化、可操作性强的劳动实践。

3. 家务劳动建议

基于以上原因，依据《义务教育劳动课程标准（2022 年版）》和新基础教育、绿色教育等教育理念，本书研制了"1~6 年级学生的家务劳动建议"。其任务简洁、指令明确、浅显易懂、可操作性强，家长可张贴在家里，以便亲子共同学习和实操。

小学一年级家务劳动建议：

（1）学洗袜子、红领巾。

（2）学习用扫把扫地。

（3）学习折衣服、裤子、袜子等。

（4）饭前摆碗筷，饭后擦干净桌子。

（5）会洗水果。

（6）坚持每天自己背书包上下学。

（7）会整理自己的书包。

（8）会分类整理自己的玩具。

（9）坚持每天自己洗漱。

（10）给长辈做些表达孝心的事：捶背、剥水果吃等。

小学二年级家务劳动建议：

（1）会用扫把扫地，思考怎样扫得又快又干净，学习用拖把拖地。

（2）学习清洗简单的小物品，如袜子、红领巾、自己的小内裤等。

（3）坚持饭前帮家人摆碗筷，饭后收拾、擦桌子，并学习洗碗筷。

（4）学习如何择菜，剔除蔬菜中不能吃的部分。

（5）学会洗叶菜类及根茎类、花果类的蔬菜。

（6）坚持自己的衣裤自己折。

（7）学会整理自己的书柜、书架。

（8）学会叠被子、整理床铺。

（9）学习系鞋带。

（10）种一盆花，并进行照料。

小学三年级家务劳动建议：

（1）用扫把扫地，并清理垃圾，会用洗衣机洗衣服。

（2）会折衣服、裤子、袜子等。

（3）饭前盛饭、摆碗筷。饭后收拾、擦桌子、洗碗筷。

（4）会洗自己的鞋子，帮家人擦皮鞋。

（5）会用水果刀削瓜类或水果的皮，能准备水果拼盘招待客人。

（6）认识、洗切葱、姜、蒜。会洗切叶菜类及根茎花果类的蔬菜。

（7）会用针线缝扣子，会打死结、活结、蝴蝶结等。

（8）用报纸或其他纸包装礼物。

（9）给长辈做些表达孝心的事：洗头、洗脚等。

（10）整理自己的书柜、书架。

小学四年级家务劳动建议：

（1）坚持垃圾分类，并用行动影响家人。

（2）熟练系鞋带。

（3）自己种植一种蔬菜。

（4）整理自己的衣橱衣物。

（5）坚持每周帮家人洗一次碗。

（6）书架进行归类整理。

（7）独立去超市购物。

（8）坚持每月清洗至少一次衣物。

（9）能自己洗头发。

（10）学会安全使用燃气灶烧一道菜。

小学五年级家务劳动建议：

（1）家中进行垃圾分类。

（2）坚持每天帮家人盛饭，饭后一起收拾桌子。

（3）学会整理换季衣服。

（4）坚持每天整理自己的书桌、书柜、床铺。

（5）照顾小弟弟、小妹妹。

（6）养一种小动物或花草。

（7）学习将冰箱中的物品分类摆放。

（8）坚持每周至少洗一次碗及清理灶台。

（9）学会两道凉拌菜、两道炒菜。

（10）为家人准备一次早餐。

小学六年级家务劳动建议：

（1）坚持进行垃圾分类。

（2）每周至少整理一次自己的衣橱。

（3）坚持每天帮家人盛饭，饭后一起收拾桌子。

（4）坚持每天自己整理床铺，会自己换床单和被套。

（5）能自己洗鞋。

（6）养护花草。

（7）能根据营养搭配需求，独立去菜场买菜。

（8）学会四道凉拌菜。

（9）坚持每周洗至少一次碗，洗完碗后及时擦干灶台和厨房地面。

（10）管理家里一周的生活开支，并做数据分析，给出建议。

家长朋友们，让我们回到教育的起点，将培养会生活、会工作的普通劳动者作为家庭教育的第一步，共同为孩子的成长之路奠基吧！

第二节 解锁劳动智慧，启迪心灵之光

家长的困惑

很多孩子都不太喜欢劳动，部分孩子会在得到老师或家长鼓励时积极参与家务劳动，但缺乏劳动方法，劳动的效果也不太好。如何通过智慧的引导，让孩子受到启迪，提升孩子对劳动的参与度，爱上劳动并从劳动中获得成长？

关键词解读

"人有两个宝，双手和大脑，双手会做工，大脑会思考，用手又用脑，才能有创造。"这首朗朗上口的儿歌告诉我们：一切创造靠劳动，劳动能创造智慧。那么，什么是**劳动智慧**？

低年级的孩子，要学会在生活中自理，在日常劳动中感受乐趣，知道人人都要热爱劳动，让劳动成为一种认识。这是一种智慧。

高年级的孩子，要做好个人卫生，主动分担家务，积极参加公益劳动，学会与他人合作劳动，体会到劳动最光荣，让劳动成为一种习惯。这也是一种智慧。

孩子的爸爸妈妈不仅要认识到劳动能产生智慧，智慧属于劳动中的人们，还要引领孩子爱上劳动、快乐成长。这更是一种智慧。

总之，劳动是人类最伟大且具有创意的活动。在不同的地域、时代，劳动人民的智慧是无穷的，人们在劳动中摸索、总结着自然的规律，积累着劳动的智慧并且不断传承。

育儿实践案例

原来扫地也有顺序

今天冰冰清洁值日。放学后，妈妈去接他。妈妈一走进1年级8班的教室，看到他扫地的样子，顿时哭笑不得。

只见冰冰一手拿着扫把，另一手拿着撮箕，一会儿在中间扫扫，一会儿在前边扫扫，一会儿在后边扫扫，哪儿有垃圾哪就有他，这儿的垃圾还没撮完，看到旁边有垃圾又扫旁边去了。冰冰看起来很认真，可扫了半天，他负责的一大组还没扫干净。

妈妈走上前，轻声说道："冰冰，想不想扫地扫得又快又好啊？""当然想啊！"冰冰立马仰起头看着妈妈。"那你跟我来。"妈妈把他从中间带到教室前边，"扫地不仅要认真，还要动脑筋。只要你按顺序从前扫到后，把座位下的垃圾先扫到过道里，再往后扫到一堆，最后再拿撮箕把垃圾装起来倒到垃圾桶里。这样一定会扫得又快又干净。当然，从后往前扫也是一样。不信，你试试吧！"冰冰听了半信半疑地点点头，照着妈妈说的去扫了。

结果不到10分钟，一大组就被扫得干干净净。妈妈连忙竖起了大拇指："冰冰，你真棒！"他开心地笑了："我知道做题要按顺序，原来扫地也有顺序啊！"

叠衣服的窍门

"外婆，怎么啦？"琪琪妈妈下班刚回到家，就看见女儿一边喊，一边奔向母亲的房间。

这是怎么回事儿？她连忙放下包走过去。原来天热了，外婆想找一件短袖衣服出来穿，不承想，一抽衣服，那一摞衣服瞬间就开始倾斜，上面原本叠得整整齐齐的衣服，连同旁边的一叠裤子全被拉倒了，散落在衣柜里。"哎呀！"外婆急得一声尖叫，急忙伸手去扶，但还是没扶住。

琪琪见状，连忙安慰道："外婆，没事儿，我来帮你。"她把外婆扶到床边坐下。"外婆，你这样叠衣服是不行的，很容易散开的。"琪琪一边把散乱的衣服放到床上，一边说，"叠衣服也是有窍门的。我来教教你吧！"外婆一听，笑了："我叠了几十年了都不行，那你个小屁孩儿说要怎么叠才行？""五秒搞定，保证让你心服口服！"琪琪随手拿起一件高领毛衣，自信地拍拍胸脯，开始演示，"一是将领子向下折；二是把袖子横着对折；三是将毛衣竖着对折；四是把毛衣底部1/3处向上折；五是把上半部分塞到衣服下摆里面。看，一点都不会散的。"

外婆拿在手里抖了抖，果然如此嘞。她十分惊讶："你从哪里学的？"琪琪指着妈妈："当然是妈妈教我的呀！"外婆更奇怪了："你妈叠衣服就是我教的。我都不会，你妈怎么会的？"琪琪妈妈在一旁微笑不语。琪琪则抢着说："当然是从网上学到了！抖音上有好多关于整理收纳的小视频呢！怎么样，这办法好吗？我可以当你老师不？""嗯，好。那小老师再教教我，呵呵……"外婆一边点头，一边说。"好嘞！哈哈……"琪琪应声而起。

看着这温馨幸福的场景，琪琪妈妈由衷地笑了。

案例分析

在案例"原来扫地也有顺序"中，冰冰妈妈在孩子劳动时发现了问题，及时地点拨与引导，让孩子掌握劳动的方法，提高劳动的效率，感受到了劳动的快乐。

在案例"叠衣服的窍门"中，琪琪妈妈通过日常生活中潜移默化的影响，让孩子不仅爱劳动、会劳动，而且能将劳动作为一种习惯。这是一件多么令人开心与骄傲的事啊！

实操建议

《陶行知论生活教育》提到："劳动能使孩子在做中思，在思中做，劳动是智力发展的丰富源泉。"如何智慧地引导孩子爱上劳动并在劳动中成长呢？家长首先要转变观念，认识到劳动的价值，在此基础上，可以从以下三个方面入手让孩子行动起来：

1. 多种形式激发兴趣

物理学家爱因斯坦说过："兴趣是最好的老师。"对于处于小学阶段的孩子来讲，更是如此。他们的形象思维发达，理性思维尚不完善，做事情大多凭兴趣。如何激发孩子的劳动兴趣？智慧的爸爸妈妈不妨尝试这样做：

（1）常看——快乐的劳动场景

家长可以时常带孩子走近各行各业的劳动者，看看他们辛勤劳动的成果，感受劳动的快乐：走进田野，看看农民伯伯们收获的那一筐筐麦粒；走进餐厅，看看厨师们做出的那一道道色香味俱全的美食；踏上公交车，看看平稳驾驶送走了一站又一站乘客的司机；来到街头，看看让街道整洁如新的清洁工们……

（2）常听——幸福的劳动者故事

榜样的力量是无穷的。家长可以常陪孩子听听优秀的劳动模范的故事，如王进喜、焦裕禄、袁隆平等；可以带孩子听听身边的劳动者讲讲他们幸福成长中的劳动故事，如爷爷奶奶小时候插秧割麦的快乐经历，以及叔叔阿姨做烹饪达人、整理收纳师的故事等。孩子从一个又一个的故事中，会感受到劳动的幸福感，从而产生参与劳动的强烈愿望。

（3）常体验——劳动的成就感

说一千，道一万，不如亲身体验做一遍。当孩子有了劳动的愿望后，家长可趁热打铁，因地制宜，创造劳动机会，带孩子参与劳动，让孩子在劳动的过程中感受劳动的快乐，欣赏自己的劳动成果，体验劳动的成就感。随着这样的经历不断累积，劳动就如一粒种子，会在孩子的心里慢慢地生根、发芽、开花……

2. 多种途径培养技能

（1）在家庭——做好孩子的第一任劳动教师

引导孩子参与劳动的主阵地首先应该是在家里，每个家庭都有必不可少的家务劳动，而家长就要担负起责任，做好孩子的第一任劳动教师。

①明确目标。

目前，大多数孩子在家的劳动状态都很随意，要么是家长想起来让孩子做什么，要么是孩子高兴怎么做就怎么做。对于孩子在家可以干什么和应该干什么，没有明确的目标。有了目标，努力才有方向，因此，家长要做好孩子的第一任老师，首先要针对孩子的年龄特点和家庭实际情况，和孩子一起制订出可以达成的劳动目标。比如，给低年级的孩子制定了十条劳动目标：

- 每天自己洗漱，擦干面盆和地上的水渍。
- 饭前洗手、端菜、摆碗筷，饭后擦桌子、把椅子归位。
- 学会把地扫干净。
- 主动丢垃圾，会将垃圾分类。
- 会整理自己的书包，每天坚持自己背书包上下学。
- 会分类整理自己的书籍和玩具。
- 学会叠衣服、裤子、袜子等。
- 学会洗内衣、袜子等小件衣物。
- 学会洗水果，学习制作水果拼盘。
- 常为长辈做些表达孝心的事：捶背、端茶、剥水果等。

需要注意的是，目标一旦确定，孩子在做的时候，家长包括所有的家庭成员，尤其是爷爷奶奶类的长辈，一定不能插手干预，甚至大包大揽，剥夺了孩子的劳动权利，磨灭了孩子的劳动热情。

②教授方法。

劳动的内容不同，劳动的方法也是不同的。对于孩子应该完成的每一项劳动任务，家长要逐步、多次引导孩子掌握其劳动的方法和技巧。比如，扫地要按顺序，才能扫得又快又干净；叠衣服要讲究方法才方便拿取；洗水果不只用清水，还要用淡盐水浸泡杀菌；整理书包和书籍玩具都要懂得分类，才能省时省力等。

③整体规划。

整体规划劳动"菜单"。家长可以充分尊重孩子的意见，和孩子一起讨论制定出一学期乃至每一周的劳动"菜单"，贴在醒目的位置，每天提醒孩子，让孩子明晰自己的劳动计划。同时，家长还可以列出自己应该完成的劳动项目，让孩子清楚地意识到劳动是每个家庭成员的责任和义务。

④具体策划。

对于某一项具体的劳动任务，只要孩子掌握了劳动方法，家长就可以放手让孩子自己去干，让孩子自己去策划劳动前的准备、劳动过程的顺序。在孩子完成劳动任务后，只需引导孩子做简单的劳动总结，让他明白自己哪些地方做得好可以继续保持，哪些地方尚有不足需要怎样完善。

这样，通过日复一日地引导孩子从宏观和微观层面进行劳动规划，家长不仅让孩子学会了一项项劳动，还培养了孩子的劳动思维和能力。

（2）在学校——借助伙伴增强劳动的力量

自教育部发布《义务教育劳动课程标准（2022年版）》以来，学校越来越重视劳动教育这门课程。在学校和老师的引领下，孩子们从课堂走向课外，有了更多的劳动实践机会。例如：学校设置"青青菜园"以及校外的劳动教育基地等。家长可以配合老师的要求，引导孩子做好劳动准备，鼓励孩子和同学结对，积极参与、大胆尝试，及时分享，强化合作意识，让孩子充分认识只有团结一致，劳动的力量才是巨大的，劳动的效果才是最好的。

（3）在社会——利用资源拓宽劳动的视野

三百六十行，各行有各自的劳动特色。家长可以结合自己的职业优势和家长之间、朋友之间的社会资源，陪伴孩子体验各种各样的职业劳动。例如，某家长带孩子参观四川省江油市的清香园酱园，了解了一粒豆子的"旅行"，体验了磨豆浆、打酱油，品尝了美味的麻婆豆腐、酱油拌饭，明白了一日三餐常用的调味品——酱油的生产历程。在一天的劳动中，家长和孩子虽然累但很快乐，因为他们都增长了见识，感受到了酱油生产者这份职业的与众不同。一次次的社会劳动实践，可以大大拓宽孩子的劳动视野，从而树立劳动最光荣、劳动最崇高、劳动最伟大、劳动最美丽的观念。

3. 多重评价激励成长

孩子每一次的劳动任务完成了，是不是就"万事大吉"了？当然不是。孩子劳动结束后，如果能对孩子的劳动过程和结果做一个评价，就能强化孩子的劳动兴趣，激励孩子成长。劳动评价的形式是多种多样的，比如评星、打分、口头评价、书面评语、颁发奖状等。不管哪种形式，评价的前提是家长和孩子要一起制定好评价的标准，让孩子明确努力的方向。设立了标准，评价也显得更客观，孩子也会觉得对自己的评价是公平公正的，对于没有达标的项目，也更愿意主动去改进。不过，对于小学阶段的孩子，评价的最终目的当然更多的是激励，那么，从哪些方面进行有效的激励呢？

（1）物质奖励

对于小孩子，最初的劳动激励采取直接的物质奖励是很有效的。一颗糖、一顿美餐、一张卡片、一本书、一个心心念念的发卡等，投其所好的效果会更好。当然，这里的物质不仅是外化的一种具体的物品，也可以是内化的一个心愿，比如，扫一次地得到1元零花钱，整理一次房间可以换取20分钟的电视观看权，坚持洗一周碗可以获得周末外出游玩的机会等。

（2）语言鼓励

面对孩子的每一次劳动，家长要善于去发现孩子在劳动过程中的"闪光点"，并且毫不吝惜地用语言表达自己的赞美与满意度。同时，充分利用和亲朋好友交谈，尤其是和老师交流的时机，有意让孩子听到自己对他最近参与劳动的夸奖，并且一定要讲讲他劳动中一些可圈可点的细节，这会让孩子感受到父母发自内心的真诚和肯定。这对中高段孩子特别受用。这种语言的激励作用，往往是其他任何物质奖励无法比拟的。

（3）展示激励

家长可以充分利用网络时代的优势，展示孩子的劳动过程和成果。比如，可以录一段视频发到家族群，可以拍几张照片配上赞美的话语分享到朋友圈，可以制作一个小视频发到抖音或微信等短视频平台获得点赞，可以给孩子建立专门的劳动成长电子相册，还可以鼓励孩子把劳动过程写下来投稿到学校、报纸、杂志等相关媒体获取更多的展示和表扬。这些可以激励孩子获得成长中最需要的荣誉感和自信心。

总之，通过"多种方式激发兴趣、多种途径培养技能、多重评价激励成长"这"三部曲"，孩子学会劳动、爱上劳动并不难。家长朋友们，让我们一起行动起来吧！

第三节　融合学科劳动，激发创新之力

家长的困惑

"实践是获取新知识的钥匙。"家长深知劳动教育的重要性，也希望孩子积极参与到劳动中来，但劳动是需要投入时间和精力的，面对孩子较重的学业压力和有限的学习精力，家长内心充满了矛盾，时常会有这样的疑惑：劳动会影响孩子的文化课学习吗？

关键词解读

劳动是一项非常好的育人活动。它不但不会影响孩子的学业发展，还会对孩子的成长有积极帮助作用。怎样利用好"劳动"这个学习杠杆呢？一个非常好的方式，就是将劳动与学科相融合。

那么，什么是**劳动与学科相融合**？这里的"劳动"，既不是单一的体力劳动，也不是某一项劳动技能。它是培养人"五育并举"全面发展的综合育人载体。劳动中藏着很多学科知识，它与语文、数学、物理、化学等学科紧密联结。劳动可以促进孩子强健体魄，也可以帮助孩子启迪智慧、树立良好的品德，还可以培养他们的审美和创造能力。

"五育并举"理念下的劳动教育，真的有这么强的魔力吗？在日常家庭劳动中，我们可以怎样将劳动与学科相融合呢？下面的育儿实践案例，可以帮助我们寻找到答案。

育儿实践案例

烹饪中的科学魔法

吃过早饭，一阵锅碗瓢盆的"交响曲"把女儿从客厅唤到了厨房。

女儿主动请求，中午跟着李妈妈学做一道菜。听到这个请求，李妈妈不假思索地答应了。经过商议，她们决定做一道"油焖大虾"。

走进超市，李妈妈带着女儿奔向水产区。水产区里的鱼、虾、蟹数不胜数，一只只鲜活的虾在水中快活地游来游去。李妈妈心里暗暗窃喜，多么难得的观察小动物的机会啊，可不要错过。

李妈妈提高嗓门儿，故作惊喜地对女儿说："依依，快看，好多虾呀！快，帮妈妈挑选几只大虾！"

女儿兴奋极了，凑到妈妈跟前，小眼睛立马专注起来，仔细地观察。

"妈妈，这只虾好大，它比旁边的虾大出半个头呢……触须好长，你快看——"

"哪只？是这只吗？"李妈妈假装没看见，指着另一只虾说。

"不是，是身体特别大，壳亮晶晶的，有青色小点点这只……"女儿急得连忙说。

"是这只游得像箭一样快的大青虾吗？"

"是的——"女儿点点头。

"看见了，你赶快把它捕捉住吧！"李妈妈说。

这时，女儿快速拿起网子开始捕捉。这只青虾十分灵活，一会儿窜到东，一会儿窜到西。几经周折，女儿终于把它给捕了起来。

就这样，她们结束了选虾工作。

回到家，第一步是清洗虾。李妈妈拿出面粉，一边清洗，一边给女儿讲解为什么要用面粉清洗虾。接着，给女儿科普这是青虾，和其他虾不一样。虾还分为很多种类，有基围虾、明虾、樱花虾、白虾、小龙虾，根据水域不同，虾还被分为淡水虾、海水虾……女儿越听越感兴趣，决定要亲自去见识见识这些不同种类的虾。

接下来，她们备好了糖、盐、料酒、葱、姜……准备开始剪虾的腹足和挑虾线。虾线在虾身体的倒数第二节，李妈妈拿起一根小竹签，小心翼翼地给女儿做示范，然后让女儿亲自动手试一试。当然，完成过程是很不容易的，因为虾壳很滑，虾肉很紧实，虾线又很脆弱，稍不留神，小竹签插歪了，或是用力太轻或太重，都会失败。但是，李妈妈还是坚持让她体验完了整个过程，哪怕失败了很多次。

葱姜切好，一切准备就绪。妈妈小心翼翼地把油倒进锅里，待油温升高，然后把大虾一股脑儿倒进去，瞬间，锅里发出了噼里啪啦的响声，油星像跳蹦床一样四处飞溅。

"妈妈，为什么油会飞起来呢？"女儿问。

"那是因为炒菜的时候，油温太高了，水比油重，沉到锅底沸腾了，变成了水蒸气。水蒸气带出油，油星四溅。"李妈妈语重心长地解释道。

女儿若有所思地点点头。看着锅里的青虾一个一个换上了红衣裳，又问："妈妈，为什么虾的壳变成了红色呢？"

"是呀，真奇怪！这个问题呀，待会儿吃完饭，我们一起去查资料解决吧！"李妈妈顺势说道。

就这样，在一步一步的实践中，她们产生了一个又一个问题，又将一个又一个问题进行了探究，并努力寻找答案。

最终，她们不仅成功地完成了油焖大虾这道大菜，还学到了很多相关的知识。吃着用劳动换来的胜利果实，母女俩格外幸福。

不要剥夺孩子的成长机会

周末，张妈妈带女儿去商场参加一个木工公益活动。

到场有七八个孩子，年龄8岁左右。活动流程是活动老师指导孩子锯木头、拼接、给作品上色。

很多家长在现场陪同。大家的做法各不相同：有的怕锯子伤到孩子的手，便帮着锯木头；有的担心孩子搭建的作品不美观，便帮着搭建；有的觉得孩子上色太慢，干脆自己直接上手帮忙涂色。

张妈妈身旁坐着一个小女孩，显得一脸漠然，无所事事，十分无趣的样子。原来，小女孩儿一旁的奶奶正忙得不亦乐乎，奶奶一边打磨，一边对小孙女说："孙女儿，这机器转太快了，太危险，别伤着你的手，奶奶来磨。"

回想生活中，这样的场景太过平常了。家长们似乎已经习惯了：遇到危险，由我来；遇到困难，由我来；不够完美，由我来。

张妈妈和女儿是第一次体验木工制作。和很多家长一样，张妈妈起初最大的担忧就是安全。看着一根根方方正正的木块儿和一把把工具摆在眼前，张妈妈心里忐忑不安，甚至有些后悔带孩子来参加这项活动。但是，转眼一个念头又出来了，那就是：试都没有试一次，怎么知道孩子不可以呢！终于，张妈妈克服了心理矛盾，开启了体验。

在专业老师的带领下，女儿认识了刨子、锯子、墨斗、砂纸、钉子、锤子等工具。女儿学着老师的模样，拿着一根长木块儿，用墨斗打线，做好标记，然后聚精会神地握着小锯子，开始慢慢锯。后来，越锯越熟练，只剩下一小点儿时，放慢速度小心翼翼地锯，终于圆满地锯下了一块长五厘米、宽两厘米的小木头块。小家伙惊喜地大叫起来："妈妈，我成功了，成功了！"

小家伙用手摸了摸锯条，哇，已经烫手了。

"摩擦可以产生热量。"张妈妈说。

接着，女儿紧紧地握着小木块，拿起砂纸打磨。她把粗糙的一面放在砂纸上来回摩擦，过了好一阵，终于打磨光滑了。小家伙对妈妈说："妈妈，我的指甲都快磨平了，做木工真不容易呀！"

是呀，要做好一件事，做精一件事，是要付出辛勤的汗水的！

最后，他们在小箭头上钻了一个孔，画上了美丽的图案，再用细绳穿起来，一条美丽的项链就做好了。

看着女儿开心的样子，张妈妈陷入了深思，幸好刚才没有放弃这么好的体验活动，这是多么有意义的一次体验啊！

案例分析

案例"烹饪中的科学魔法"中，妈妈带着女儿走进超市，在选虾和捉虾的过程中，引导孩子观察虾的样子，感受虾的活动特点，为语文学习"观察小动物"打下基础。在炒虾的过程中，妈妈引导孩子学习探究：知道了在高温情况下，油水相遇，油星会四处飞溅的物理小知识；了解了受热的虾壳会变红的化学小知识；感受了铁柄锅铲传递热的物理小知识；学习了营养学等学科知识。在实践中，遇到不懂的问题，妈妈引导孩子用查阅资料、请教他人等方式主动解决，培养孩子解决问题的能力和科学探究的精神。

案例"不要剥夺孩子的成长机会"中，妈妈从一开始担忧孩子的安全，到逐步放手，调整心态，充分地相信孩子，让孩子体验活动，最后孩子获得了成功。在这一过程中，家长及时调整心理，敢于超越自我，勇于放手，让孩子获得了体验的机会。通过体验，孩子增长了对木工职业的认识，锻炼了动手能力，培养了吃苦耐劳的精神，还学习到了关于几何、物理学等学科知识，促进了孩子的创造力和想象力，是一次有意义的"劳动与学科"融合的实践活动。

实操建议

家长指导孩子进行劳动与学科融合实践的具体操作指南：

1. 数学应用实践

购物助手：在超市购物时，让孩子负责挑选商品并计算总价，或者比较不同品牌、不同规格商品的单价，以此练习加减法和比例计算。

厨房数学家：烹饪时，让孩子量取食材，如面粉、糖的重量，或者分配食材的比例，加深对分数和小数的理解。

2. 科学探索活动

小小园艺师：与孩子一起种植花草或蔬菜，记录生长过程，观察植物如何吸收水分和养分，理解光合作用等科学原理。

清洁剂实验室：自制清洁剂时，讨论不同成分（如醋、小苏打）的作用，让孩子了解酸碱中和等化学概念。

3. 语言表达与写作

劳动日记：鼓励孩子每天记录所参与的劳动活动，描述过程、感受和思考，提升写作技能。

故事创作：基于劳动经历，创作小故事或情景剧，提高想象力和语言表达能力。

4. 项目式劳动实践

家庭聚会策划：让孩子负责策划家庭聚会，包括菜单设计、预算制定、场地布置等，锻炼项目管理能力。

宠物/植物养护：分配给孩子照顾宠物或植物的任务，记录成长变化，培养责任心，学习生命科学知识。

5. 科技融入家务

智能家务助手：利用扫地机器人、智能音箱等设备，让孩子学习操作并了解背后的技术原理。

数字化管理：使用家庭财务管理软件或家务记录 App，让孩子参与记录和分析家庭开支或劳动成果。

6. 个性化与能力培养

兴趣劳动：根据孩子的兴趣，如绘画、音乐，设计与之相关的家务任务，如装饰房间、整理音乐器材。

年龄与能力匹配：为不同年龄段的孩子设计适合其能力的家务，如幼儿整理玩具，学龄前儿童帮忙摆餐具，小学生负责洗碗等。

7. 情感与价值观教育

家庭时光：安排家庭共同参与的劳动活动，如周末大扫除，增强家庭成员间的情感联系。

价值观传递：在劳动中，通过言传身教，向孩子传递勤劳、感恩、环保等价值观。

8. 创新思维与问题解决

创意劳动挑战：定期设置劳动挑战，如用废旧物品制作艺术品，鼓励孩子发挥创意。

问题解决实践：遇到家务难题时，引导孩子思考并提出解决方案，如何更有效地清洁某个难以清理的区域。

9. 游戏化与跨文化劳动

劳动游戏：设计劳动相关的游戏，如家务接力赛，增加劳动的趣味性。

世界美食日：每月选择一个国家，让孩子尝试制作该国的特色菜肴，了解不同文化背景下的饮食习惯。

通过以上具体指南，家长可以系统地引导孩子将劳动与学科学习相结合，不仅提升孩子的综合素养和创新能力，还能加深家庭成员间的互动与理解，共同营造一个充满爱与学习的家庭环境。

亲爱的家长朋友们，劳动是幸福的源泉，每一滴汗水都是收获的序曲。培养孩子热爱劳动、坚持劳动是一个潜移默化的过程，它需要家长的耐心引导和积极参与。通过劳动，孩子们不仅能掌握生活技能，还能在过程中学会坚持、学会合作、懂得感恩……这些宝贵的品质将伴随他们一生，成为他们面对未来挑战的重要力量。让我们从今天开始，重视劳动教育，帮助孩子在劳动中成长，在成长中迈向成功。相信我们今天的每一分努力，都会成为孩子未来人生路上的璀璨星光。

第七章

研学实践　真情体验

知行合一，以行促思。研学实践是孩子成长的第二课堂，不同学段承载独特育人价值：低段重在启蒙感知，通过趣味活动激发探索兴趣，培养团队合作意识；中段聚焦知识迁移，在实地考察中深化学科认知，提升观察能力与实践技能；高段强化学以致用，开展项目式研究与社会服务，锤炼解决问题的创新思维与社会责任感。

第一节　童蒙启智　感知自然

低段突出"启蒙感知"，通过沉浸式趣味活动唤醒探索兴趣。让学生在自然触摸中建立生命联结，在合作中培养团队意识，在成功体验中树立成长自信，为终身发展奠定温暖底色。

一年级

景　点

瑞丰农耕科普实践教育营地

亮点推荐

春之始，我们脚踏实地，走进乡村，亲近自然、感受文化，把课堂搬进田园，一起探寻农耕文化的奥秘。我们在实践中体会"耕于身，沐于心，勤于思，健于人"的道理；在劳动中学会观察、学会专注，从不同的角度看世界，感受另一种真实的心灵撼动！

俗话说，民以食为天。农业是人类赖以生存的基础，从远古时期开始，农业就具有鲜明的可操作性和实用性，拥有广泛的教育功能。而在研学旅行的主要课程类别中，农耕文化研学是其中重要一类，受到学校和学生的青睐。把课堂搬进田园，让孩子体验农耕的辛苦，了解农作物的生长过程，树立节约粮食的意识是进行农耕研学的重要意义所在。

学生在农耕研学中学习农艺知识和劳动技能，以个体劳作、集体合作的方式，从中获得丰富的实践经验，形成并提升对自我和社会联系的整体认知。在身体力行的劳动过程中提升身体素质、抗压能力、实践能力，逐步树立劳动观念，珍惜劳动成果，培养热爱劳动的情操。

在劳动教育实践活动中，学生围绕问题解决展开知识的主动建构，并借此过程掌握灵活的知识基础，发展高层次的思维技能、劳动技能和自主学习能力。课程不再只是特定知识体系的载体，而成为一种共同探索新知识的发展过程。让同学们深刻学习农耕文化发展历程，感受农耕文化魅力；体验原生态的农耕方式；让学生在大自然中解放天性，提升感知能力，并知晓食物的来之不易，珍惜每一口食物。

"春种一粒粟，秋收万颗子。"农民在大地播种，学子在课堂耕耘，秉持国家劳动教育方针，学习与大自然的相处之道，体验生命与大自然的美好。

游览攻略

1. 团队组建、农耕祈福仪式

研学内容：场地集合、创建团队。团队组建成功后，每个团队须确定团队的口号、宣言。研学老师讲解注意事项以及解释培训活动形式，并做相应引导。接着进行农耕祈福仪式。

研学价值： 祈福是通过一定仪式向神灵致以敬意并祈求佑护和赐福的习俗活动。在漫长的历史传承中，祈福文化凝结了浓厚的人文精神。通过传统的开秧仪式，重启农耕文明，是对农耕文化的延续。研学老师带领所有学生穿上祈福服装并进行祈福仪式，让学生关注到农耕文化，体会农耕文明在历史长河中起到的举足轻重作用。

2. 鱼菜共生、鸡公车运粮

研学内容： 鱼菜共生是一种新型的复合耕作体系，它把水产养殖与水耕栽培这两种原本完全不同的农耕技术结合在一起。鸡公车是流行于 20 世纪 60 年代的一种农村运输工具，它的原型是三国时期诸葛亮发明的木牛流马，最早是用来解决人背畜驮的问题，在三国时期更多地用于军队粮草的运输，大大地节约人力，正所谓"兵马未动粮草先行"。

研学价值： 通过巧妙的生态设计，达到科学的协同共生，从而实现养鱼不换水而无水质忧患，种菜不施肥而正常成长的生态共生效应。学生利用鸡公车将丰收的粮食从晒谷场"打包"运送到粮仓，分组进行"运粮大作战"。学生争先恐后，奋力争胜，从笑声中体会到了收获的喜悦，领悟到了劳动的美。

3. 种植体验

研学内容： 亲身体验农耕活动的乐趣。开垦园地、播种是农耕活动的第一步，播种是育苗的重要环节，播种技术好坏会影响发育率、出苗速度和整齐度。播种一般先划线，确保播种行通直。开沟深度要适宜，特小粒种子可不用开沟，直接播种。

研学价值： 学生需要对一亩田园地进行规划、开垦、播种、浇水、施肥，完成整个耕种流程，并为自己的田地制作标识牌，感受劳作的快乐。

4. 节气文化走廊、快乐捕鱼

研学内容： 用手足身心感触大自然的稻田泥土，感受山林田野中的农耕渔趣。摸到的鱼儿亦可选择烹饪方式成为山野佳肴。滑溜溜的鱼儿在水里，要抓住它，可需要同学们胆大心细、有勇有谋！

研学价值： 中国二十四节气，被国际气象界誉为"中国的第五大发明"，还被联合国教科文组织列入《人类非物质文化遗产代表作名录》，广受关注。研学老师用通俗易懂的语言为孩子讲述了二十四节气的来源及发展。二十四节气是世界天文史上的一个重要发现，直到今天，它对农业生产仍具有指导作用。

5. 石头作画

研学内容：创意石头画，顾名思义就是画在石头上面的画。小"画家"通过绘画赋予石头新的生命。

研学价值：绘制石头画的时候，学生可以根据石头的大小、形状、面积等，来做各种有趣的 DIY 创意，趣味横生。一块普通的石头，在学生手里成了宝贝，更成了精美的装饰品！

6. 勇者攀爬、环游小火车

研学内容：观光小火车游乐设备，曾是很多人童年的回忆，现在也是农场炙手可热的游玩项目。在景色宜人的农场里，一辆观光小火车缓缓穿行，学生乘坐其上，既可以享受游乐的乐趣，又可以领略沿途的风光。学生搭乘着小火车，无忧无虑的风吹过他们的脸庞，带走了他们的烦恼和压力。

研学价值：攀爬是孩子的天性，勇敢地向天空攀登，得到"鸟儿的视角"。俯瞰脚下的土地，美丽而又动人。孩子将在从未曾有过的视角中，找到一种向上的生命力量。攀树不等同于爬树，研学老师利用专业登山绳索和器具，在独特的技术体系和严格的安全标准下，教给学生攀树技能，让学生在大树之间自由地攀爬、上升、下降、摆荡，以此锻炼学生的身体协调能力和挑战精神。

7. 参观动物、喂猪体验

研学内容：学生将在研学老师的安全指导下近距离观察瑞丰特有的奥巴黑猪并了解它的生活习性，掌握喂养奥巴黑猪的养殖小知识。最后由研学老师安全有序地带领学生喂养奥巴黑猪。

研学价值：让学生在大自然中解放天性，观察小动物，增强感知能力，体验喂猪，感受劳动的快乐。

家长心语

亲近大自然　快乐小农夫

今天，是一个值得纪念的日子。阳光照耀大地，微风吹拂花草，白云悠悠，孩子们开启了人生中第一次研学旅行。本次研学活动融入了学习和体验的元素，根据年龄特点和育人价值需求，组织孩子们走出校园，走进乡村，亲近自然、感受文化。把课堂搬进田园，在与平常不同的环境中拓宽视野、丰富知识，加深与自然和文化亲近感，一起探寻农耕文化的奥秘。

跟随着研学老师，孩子们进入了"鱼菜共生"区域。房间内，扑鼻而来的是果蔬的气息、清新的空气。孩子们看到了蟾蜍草、樱花草、蛇丝瓜……听着研学老师细致、生动的讲解；看着高大的树木；闻到薄荷的味道；用手轻轻抚过植物……一阵微风，各类植物在风中摇曳，芳香溢满心田。

丰富的植物和鱼儿，有趣的课外知识，让孩子们很开心，作为家长代表的我也陶醉在这样欢乐的氛围中。

在"石头作画"时间，孩子们作画、唱歌、聊天，没有了束缚，没有了纷扰，有的只是欢乐。我在每一个孩子的脸上，都看到了微笑……

紧接着，家长随孩子们在鸡公车运粮、种植体验、快乐捕鱼、勇者攀爬、参观动物、环游小火车等活动项目中，感受孩子们奔赴自然的畅快……

家长纷纷表示：好喜欢这次研学，喜欢研学途中的风景，喜欢看孩子们与老师在一起的时光，喜欢看他们在一起说笑。说实话，这样的研学活动既拓宽了孩子们的视野，又夯实了知识。一年级孩子平时所学的大多是书本知识，以理性知识和间接经验为主，接地气的感性知识还很欠缺，如何破解将知识生活化，即由以理性知识获得为主转变为理性知识和感性知识获得兼顾，是当前教育的一大难题，而研学活动也许就能破解这一难题，促进孩子学习和成长的第二次飞跃。

今天，学校借助传承农耕文化，"亲近大自然 快乐小农夫"研学活动的契机，让孩子们一起走出校门，奔赴自然，畅游文化历史，深入农耕场地，以愉快的心境，在实践中体会"耕于身，沐于心，勤于思，健于人"的道理；

在劳动中学会观察、学会专注，从不同的角度看世界，感受另一种真实的心灵撼动！开阔视野、增智启慧、涵养德行，在一定程度上丰富了孩子们的学习生活，缓解了孩子们的学习疲顿。

读万卷书，行万里路。教育中应该有体验，体验中应该有教育。学校让孩子们跳出"学校到学校""课堂到课堂"的封闭圈，不断地拓展教育的边界，引领学生走出学校教室，走向更为广阔的天地，在真实的情境之中体验、合作、探究，真正形成适应未来社会发展的必备品格和关键能力。愿孩子们像赛马一般，越过一道又一道高栏，愿每一个生命都闪亮。

二年级

景　点

擂鼓镇盖头村

亮点推荐

擂鼓镇盖头村茶旅融合发展项目成立在北川羌族自治县（以下简称"北川"）擂鼓镇盖头村，位于北川县境东南，距老县城 8 千米，距新县城永昌镇约 25 千米，距绵阳市区约 60 千米，规划范围约 506 亩。

茶马古道起源于唐宋时期的"茶马互市"，北川就有一条茶马古道。因在高寒地区，人需要摄入高热量的脂肪，但缺少蔬菜摄入，过多的脂肪在人体内不易分解，而茶叶既能够分解脂肪，又防止燥热。故藏族人民在长期的生活中，创造了喝酥油茶的高原生活习惯，但藏族聚居区不产茶。而在内地，民间役使和军队征战都需要大量的骡马，且供不应求，而藏族聚居区则产良马。于是，具有互补性的茶和马的交易即"茶马互市"便应运而生。这样，藏族聚居区出产的骡马、毛皮、药材等和内地出产的茶叶、布匹、盐和日用器皿等，在横断山区的高山深谷间南来北往，流动不息，并随着社会经济的发展而日趋繁荣，形成一条延续至今的"茶马古道"。

北川茶叶品质好，产量大。其通过北川峡谷，向西北可进入青藏高原、甘南甚至国外（中亚、西亚和西伯利亚等地区），向东南可到江油，向南可达成都平原。这条茶马古道不仅加深了成都平原等地区与西北地区之间的商贸交易与相互联系，而且促进了北川等产茶区的经济发展，增加了百姓的收入。

中国是茶的故乡，也是茶文化的发源地，茶文化反映出中华民族悠久的文明和礼仪。

从茶叶本身所带来的价值来说，它含有茶多酚、20多种氨基酸、咖啡碱、维生素和多种芳香物质，有延缓衰老、预防动脉硬化、预防癌症、提神醒脑、帮助消化、清热降火、生津止渴的作用。

茶叶所衍生出来的茶文化本质上是中国文化的一种具体表现，其精神内涵即通过沏茶、赏茶、闻茶、饮茶、品茶等习惯与中国的文化内涵和礼仪相结合形成的一种具有鲜明中国文化特征的一种文化现象，也可以说是一种礼节现象。在悠久的历史发展中，这种礼节作为中国社会的道德规范和生活准则，对汉族精神素质的修养起了重要作用。同时，随着社会的变革和发展，礼礼不断被赋予新的内容，和中国的一些生活中的习惯与形式相融合，形成了各类中国特色的文化现象。

茶文化是经过数千年发展演变而成的独特的文化模式和规范，是多民族、多社会结构、多层次的文化整合系统。独特的地理区域优势下，作为茶叶大国，至今仍然保留着丰富多样的饮茶习惯和风俗。例如，"采茶"作为南方一种茶农的生产活动，倾注着中国劳动人民的朴素情感，并以其独特的艺术思维、浓厚的生活气息、丰富的精神生活发挥积极作用。

学生身临其境进入茶园中，感受处处是景，步步见茶，从视、听、嗅、味、触、思中全方位地体验茶的魅力。学生通过研学实践，亲自动手采摘、炒制，收获满满的成就感，在分享中增强文化自信。

游览攻略

1. 认识茶类

研学内容：让学生认识茶叶种类。茶叶是一种以茶树新梢上的嫩叶或者嫩芽为原料进行加工制作而成的饮品。我国的饮茶历史很长，茶叶一般按照不同制作工艺分类，具体可分为绿茶、红茶、青茶、黑茶、黄茶、白茶六大类，要让学生认识这六大茶的区别和功效。

研学价值：茶叶是中国古老的饮料之一，历史悠久。茶文化是中国传统文化之一。学习茶文化不仅可以开眼界，增长知识，还可以了解中国的文化。

2. 采茶之路

研学内容：采茶讲解，我国传统的采摘方法是手工摘茶，是目前生产上应用最广泛的采摘法。采茶手法，因手指的动作，手掌的朝向和手指对新梢着力的不同，形成了各种不同的采茶方式。先学习采茶技巧，在之后采茶的过程中学以致用，避免浪费。手工采茶要求提手采，保持芽叶完整、新鲜、匀净，不夹带鳞片，鱼叶、茶果与老枝叶，不宜捋采和抓采，掐采。手采茶方法有三种：一是掐采，又称折采；二是提手采，这是适中标准采摘的手法，也是有机绿茶的主要采法；三是双手采，这是提高采茶工效的先进手采方法，比单手亲采的效力提高 50% ~ 100%。

研学价值：采摘茶叶十分讲究季节，茶农和采茶女在实践中总结了采茶的最佳时间，茶谚中反复强调："前三天是宝，后三天是草。"

"清明茶叶是个宝，立夏过后茶粗老，谷雨茶叶刚刚好。"采茶的手法共有五种，分别是切栽法，就是用指甲切取之；指栽法，用拇指和食指置于前端，把新生的细牙用力掐断；柳芽法，指茶叶的幼芽长到 3~4 片叶子的时候，在第三和第四片叶子之间采摘；双手采摘法，即用拇指和食指一节夹住，由上往下一折就可以采摘完成；浮栽法是一手拉住茶枝，另一手由上往下用力，或者由下往上，无论老枝还是嫩芽，都尽可能地收入手掌之中。

3. 茶艺表演

研学内容：观看茶艺表演，感受茶道文化的魅力。茶艺表演包括民俗茶艺表演和仿古茶艺表演。

研学价值：民俗茶艺表演取材于特定的民风、民俗、饮茶习惯，以茶为主体，通过艺术的提炼与加工以反映民俗文化等方面为主；仿古茶艺表演取材于历史资料，经过艺术的提炼与加工，以反映历史原貌为主体，茶是礼仪的使者，可融洽人际关系。各种茶艺表演均有礼仪的规范。中国是文明古国、礼仪之邦，素有客来敬茶的习俗。茶是礼仪的使者，可融洽人际关系。在种种茶艺表演里，均有礼仪的规范，在行礼时，行礼者应该怀着对对方的真诚敬意来行礼。行礼应保持适度、谦和，把从内心深处发出的敬意体现到这一礼仪中，包括眼睛的视角、动作的柔和、连贯、摆动的幅度等。观看茶艺表演接受茶艺熏陶，感受传统文化。

4. 手工制茶

研学内容：炒茶是杀青中的一种，也叫作炒青。主要目的是通过炒茶的高温破坏和钝化鲜叶中的氧化酶化活性，抑制鲜叶中茶多酚等的酶促氧化，蒸发鲜叶部分水分，使茶叶变软，便于揉捻成形，同时散发青臭味，促进良好香气的形成。炒茶分生锅、二青锅、熟锅，三锅相连，序贯操作。炒茶锅用普通板锅，砌成三锅相连的炒茶灶，锅呈 25~30 度倾斜。炒茶扫把用毛竹扎成，长 1 米左右，竹枝一端直径约 10 厘米。炒青是一个术语，是指在制作茶叶的过程中利用微火在锅中使茶叶萎凋的手法，通过人工的揉捻令茶叶水分快速蒸发，阻断了茶叶发酵的过程，并使茶汁的精华完全保留的工序。

研学价值：炒青是制茶史上一次大的飞跃。茶叶的种类有很多，其中绿茶的制作工序包括鲜叶摊放、杀青、摊凉、初揉、二青、摊凉、复揉、三青、摊凉、辉锅十大步骤。学生亲自动手炒茶，感受体验炒茶的无穷魅力。

5. 植物敲染

研学内容：利用自然中的花、草、茎叶等进行的植物敲拓染，属于草木染中比较冷门、简单的类别。这种技术类似于古老的押花工艺，但只是通过拓印保留花草隐约的痕迹。

研学价值：刚摘下来的茶叶，通过植物拓印的方法，留下了香味、纹理、色彩。将采集的茶叶用清水浸泡片刻，让叶片水分充足，便于萃取汁液，将叶片从水中取出，拭干水分，放在想拓染的棉布上，再在植物上方盖一层厨房用纸，用铅笔标记下叶子大致形状，先用小锤子沿着叶片的轮廓敲击，继而敲击叶片内部。敲的时候要用力，尽量一次性析出植物的色彩，敲击至叶片的汁液流出，渗透进棉布。有些拓面的色素丰富，拓出来的颜色就很饱满；有些拓面的纹路很清晰，就可以看见叶片的骨骼。成功的作品具有一种浑然天成的美，保有植物完整的叶脉经络，就像植物的灵魂被捕捉。

北川采茶

为了让孩子们近距离深入了解中国传统茶文化，学习有关茶文化的知识，感受采茶活动，树立正确的劳动理念，我们来到北川县擂鼓镇盖头村研学活动。

研学老师给孩子们讲了有关茶的六大种类。绿茶又叫不发酵茶。是以适宜茶树新梢为原料，经杀青、揉捻、干燥等典型工艺过程制成的茶叶。其干茶色泽和冲泡后的茶汤、叶底以绿色为主调，故名绿茶。

红茶属于全发酵茶叶，热点是红叶和红汤，性温和，比较适合日常饮用，能起到减肥美容、养胃的功效。

乌龙茶，亦称青茶、半发酵茶及全发酵茶，是中国几大茶类中，独具鲜明中国特色的茶叶品类。乌龙茶是品质优异的茶类，绿叶红边，既有绿茶的清新，又有红茶的甜，品尝后齿颊留香，回味甘鲜。它在分解脂肪、减肥健美等方面有突出效果。

黑茶干茶的颜色为青褐色，茶汤为褐色或者橙黄，特点就是耐储藏、耐泡。黑茶，属山茶科，因成品茶的外观呈黑色，故得名。黑茶属于六大茶类之一，属后发酵茶，具有消化解油、降脂、抗氧化等功效。

黄茶特色是黄叶黄汤，大致上可以分为黄芽茶、黄小芽、黄小茶和黄大茶。黄茶属轻发酵茶类，加工工艺近似绿茶，只是在干燥过程的前或后，增加一道"闷黄"的工艺，让绿叶黄化，这是形成黄茶特点的关键。

白茶被分为两大类：一类用白茶树的茶叶，采用绿茶加工工艺制成，另一类采用白茶简单的加工工艺制成。白茶，属微发酵茶，是中国茶农创制的传统名茶，是中国六大茶类之一。白茶具有外形芽毫完整、满身披毫、毫香清鲜、汤色黄绿清澈、滋味清淡回甘的品质特点，是中国茶类中的特殊珍品。

接下来，孩子们在工人的指点下，亲手采摘了茶叶，体验了炒茶叶，用手感受炒茶时茶叶的温度，观看了茶叶大师表演的茶艺，一起动手制作了敲染。一双双小手，捧着自己制作的成果，孩子们感到满满的自豪感和喜悦。每个孩子都沉浸在学习与实践的快乐中。

第二节　知行合一　实践创新

中段突出"知识迁移"，在真实场景中深化跨学科认知。通过工业研学、非物质文化遗产（以下简称"非遗"）传承等实践，提升观察分析能力与问题解决能力，在职业体验中培育工匠精神，实现书本知识向实践能力的转化。

三年级

景　点

江油清香园

亮点推荐

道光初年，创始人冯道人在江油古镇中坝北门创立清香园酱园，以其多年研究出的秘方为基础酿造出的酱油，色、香、味方面皆优于其他作坊，成为品味之冠。1828 年，清香园·中坝酱油被奉为贡品，驰名川内外，逐渐成为"川菜调料八珍"之首，所以，有历史可考的 1828 年也成为清香园酱园创立年份。

中国酱文化博览园由四川清香园调味品股份有限公司投资兴建，坐落于唐代著名诗人李白的故里——四川江油，是以酱文化为主题的国家 AAA 级旅游景区，占地面积两万多平方米，建有颂扬美食美味的接待大厅、寓意福从天降的序厅、讲述酱文化趣味典故的味道中国厅、常年动态生产的清香园古作坊、日晒夜露的天然晒露场以及现代清香园等主要主题场馆，全方位介绍了中国酱醋文化的发展与传承，展示了中国酱醋文化绵延 4 000 年的独特魅力。再现中国传统酱醋酿造工艺与发展历程，传承与发扬中国味道文化，揭开中国饮食调味工艺与文化的神秘面纱，让更多的人去认识中国味道文化的起源与发展。

在一走一停之中，一坛一罐之间，传统制酱工艺仿佛从数千年前跃然眼前，在深刻了解与认识到传统制酱工艺的同时，人们会油然而生出一种别样的感动和与之相拥的冲动。

游览攻略

1. 祭祀感恩活动

研学内容："不学礼，无以立"，弘扬中华优秀传统文化。研学老师带领孩子们参观冯道人照壁及塑像，了解照壁结构考察，掌握国学礼仪基本常识；引领孩子们探究中国传统祭祀礼仪的演变及时代更替体验，在研学老师的带领下参与祭祀全过程。

研学价值：研学老师讲解冯道人为酱文化所做的贡献，引领孩子们完成衣服穿戴、正衣冠、拱手礼、净手礼，让孩子们体会到中华传统文化的博大精深，让孩子们能够懂得感恩祖国、感恩师长、感恩父母，并从中主动传承中华优秀传统文化。

2. 博览园酱文化探访

研学内容：通过实地参观，了解中国味道的历史演变及中坝酱油的发展历史。研学老师讲述酱文化趣味典故的味道中国厅、常年动态生产的清香园古作坊、日晒夜露的天然晒露场以及现代清香园等主要主题场馆，全方位介绍了中国酱醋文化的发展与传承，展示了中国酱醋文化绵延 4 000 年的独特魅力。让孩子们了解酱文化的发展及制作周期、日晒夜露的周期、各个朝代的制酱工艺及历史典故、清香园的发展历史。

研学价值：孩子们了解中国味道的历史演变及中坝酱油的发展历史后，感受到中国酱醋文化绵延 4 000 年的独特魅力，更加懂得珍惜粮食、崇尚节约，在探索工业文明中感到科技的力量。

3. 传统制酱工艺和现代生产工艺

研学内容：研学老师带领孩子们参观并讲解传统制酱工艺的每一道工序：黄豆需经过 2 个小时的蒸煮、5~7 天的低温制曲、辅以野生口蘑，加之得天独厚温和滋润的气候，再放入百年老坛日晒夜露，自然发酵 180 天精酿而成。

现代酿造工艺配套了高温高压灭菌锅、生物显微镜、10 万级的无菌室、大容量恒温摇床等先进的科研设备设施。接着孩子们参观了黄豆筛选、制曲、发酵、酿晒、现代化灌装生产线、码垛、储存等环节。

研学价值：通过参观古法制酱车间、现代存储罐、流水线生产车间、机器人码垛考察现代发酵与传统日晒夜露的区别，培养了孩子们的科学思想、科学方法和科学精神以及动手能力。

4. 打酱油、酱油拌饭

研学内容：液体物品重量、体积、密度之间的关系。孩子们亲自动手参与，既有付出也有回报。他们可体验亲手打酱油的乐趣，要求手要稳、斗要平。他们相互帮助，增进友谊。打好的酱油还可以带回家。在过去，酱油拌饭曾是人们忘不掉的美味，制作酱油饭也是一种文化的传承。

研学价值：孩子们在参观学习中讨论打酱油的方法和技巧，懂得了液体物品的构成及换算的元素，培养了科学换算、密切联系生活与科学知识的能力，以及劳动能力与合作能力。

5. 神奇豆子旅行

研学内容：用劳动滋养生命成长。研学老师引领孩子们了解大豆经历选豆、浸泡、碾磨、过滤、煮浆、点卤、豆腐成型、豆腐烹饪的过程。

研学价值：让孩子们见证豆子的神奇变化，品尝亲自烹饪的麻婆豆腐，懂得尊重劳动，体会劳动最光荣、最伟大，收获劳动的喜悦，培养了劳动能力及合作能力。

6. 熊猫糕点

研学内容：劳动手工。研学老师带领学生进入体验区，教学生制作特色面点，并在完成后打包，活动结束后带回家，蒸熟之后就能与家人一起分享自己亲手制作的面点。

研学价值：让孩子们了解面食的知识点，培养孩子们热爱劳动、尊重所有劳动者的品质，让他们的劳动能力和合作能力得到提升。

探寻酱文化，传承中华文明

为了让孩子们参观清香园，全方位地了解酱油历史，激发研学兴趣。在研学活动中通过闻味道、听讲解、看实物等方法，去探索非遗的魅力。让学生在研学实践中开阔眼界，增长知识，了解酱油的制作工艺及流程；加深对保护非遗的认识，逐渐建立和提高对非遗的保护意识；同时也能培养学生的合作意识、实践能力、探究能力。

本次研学体验从分组热身开始，同学们有序地进入体验场地，研学老师带领同学们做起了热身活动，他们正齐刷刷跟随研学老师做振臂运动！每个孩子都活力四射，积极投入如今天的阳光一样，春风和煦暖人心。

接着，就举行了盛大的祭祀酱园鼻祖蔡邕仪式，同学们身着汉服学习古礼，全程体验古代祭祀的整个过程，传承的是一种历史的文化态度，传承的是古人的礼仪修养。

随后，同学们在研学老师的带领下参观讲述酱文化趣味典故的味道中国厅、常年动态生产的清香园古作坊、日晒夜露的天然晒露场以及现代清香园等主要主题场馆。研学老师通过全方位地介绍中国酱醋文化的发展与传承，向同学们展示了中国酱醋文化绵延 4 000 年的独特魅力。

接下来，同学们"穿越"回到过去的年代，感受父辈们儿时常常做的事情——打酱油！孩子们亲身体会打酱油：孩子们屏住呼吸、小心翼翼地保持手稳、斗平，在伙伴们的提醒、鼓舞中，一张张脸上洋溢着体验的快乐。

制作红糖糍粑的环节到了，孩子们欢欣雀跃、跃跃欲试，把蒸熟的糯米倒入石臼里，充分地春捣，再配以黄豆粉、红糖水，就可以尽享美食了。在活动中，同学们既收获了快乐又增进了彼此的友谊。

下面就是体验古老磨豆腐制作。同学们化身小小磨豆匠，还原最古老的制作方法。小组之间通力合作，一个同学负责往石磨洞里加水和豆子，另一个同学卖力地旋转石磨。同学们还能了解、观察大豆在加工过程中的物理变化与化学反应。

最后，孩子们来到制作熊猫糕点的作坊。同学们先观察国宝熊猫的色彩特点，在研学老师的讲解下学会了糕点的制作流程，利用所提供的食材亲手制作一个熊猫糕点。这既能锻炼同学们的动手动脑能力，又可以品尝自己的劳动果实。自己亲手做的熊猫糕点是不是集可爱与美味于一体呢！

清香园传统工艺研学活动，让孩子们在参观、探究、体验中获益良多。他们感知中华传统文化的源远流长，体验传统工艺的博大精深，感受到科技创新发展的魅力。传统文化的种子深深根植于孩子们的心中，愿他们将中华传统文化传承下去并发扬光大。

四年级

景　点

北川综合实践教育基地

亮点推荐

羌族，作为中华民族古老而重要的一部分，跨过悠久的历史长河，在岁月的涤荡中留下代代传承的记忆。羌族，是中国 56 个民族中历史悠久的少数民族之一，具有独特的物质文化成果和民族风情，绵延几千年而不间断，被称为中国各民族演化史上的一个"活化石"。

无论是羌族历史起源与大迁徙的故事，还是羌族从游牧文化转变为农耕文化的缘由，或是瑰丽多姿的羌族文化，我们都将感知到一个民族之所以在历史的长河中屹立不倒，是因为"勤劳""智慧""勇敢"等优良品质如影随形！羌族人总结的农耕谚语是勤劳的结晶，巍然屹立的碉楼是智慧的象征，本次的研学将走进羌族，通过探索羌人的农耕、建筑与非遗等，感受羌人世代坚信并践行着"幸福生活需要靠劳动来创造"的真理。

北川综合实践教育基地位于四川省绵阳市北川羌族自治县永安镇，东接江油市，南邻安州区，西靠茂县，北抵松潘、平武。基地荣获全国出版发行业文旅联盟"研学实践教育优秀基地"和"研学实践教育优秀组织单位"、四川省公安厅"民用枪支射击场地"、四川省文化和旅游厅"四川省研学基地""四川研学实践系列标准试点单位"、北川县教体局"中小学生综合实践教育基地"、新华文轩"文轩研学实践教育基地"定点服务合作单位等光荣称号。

2021年，北川综合实践教育基地进行全方位的提档升级，以国防教育、劳动教育、生命教育、户外拓展四大主题为核心依托，结合基地内的体验教室、农耕田地与训练场地等，以"平台构建"手法打造具有羌族特色的综合实践教育课程体系，全面构建基地课程、师资、运营、服务流程、活动评价等标准化体系，将北川综合实践教育基地向标准化、品牌化、特色化的方向引领，为青少年的国防教育、劳动教育以及生命教育提供了载体。

游览攻略

1. 刀耕火种鉴勤劳

研学内容：学生认识农具，了解农具的演变及用法，看研学老师演示农具的使用，动手尝试使用农具，并完成种植任务。

研学价值：通过总结羌族农耕的技巧与方法，分析利用了哪些农耕工具，明白羌族是怎样成功地实现了由游牧走向农耕的"转型"。在具有羌族特色的农耕活动实操中，切实地体会羌族人民的勤劳与务实，通过完成该项任务，获得"勤劳"奖章。

2. 泥塑工坊

研学内容：碉楼又称"邛笼"，是羌族民居。研学老师以图片结合文字的方式，向学生分享碉楼的分类、功能、外形特征以及主要的建筑材料，鼓励学生思考：为什么修建碉楼的主要材料是石头。学生利用提供的材料进行迷你碉楼的制作。

研学价值：学生明白搭建碉楼采用石头的原因，了解碉楼的设计原理。在动手操作的过程中让学生感受羌族人民的劳动智慧。完成任务后，学生即可获得"智慧"奖章。

3. 劳动技术之食育坊

研学内容：学生了解粮食从田间到餐桌的全过程，学习合理饮食、食物生长与食品安全，了解饮食文化和礼仪，欣赏和制作美食。

研学价值：在自然中取材，并通过劳动进行加工制作成陶塑，增强学生创造性劳动能力，感受民族文化。

家长心语

刀耕火种鉴勤劳·世代劳作创新生

为了让孩子们树立正确的劳动观念，具有必备的劳动能力，掌握基本的劳动知识和技能，培育积极的劳动精神，养成良好的劳动习惯和品质，我们来到北川劳动教育实践基地，开展主题为"刀耕火种鉴勤劳·世代劳作创新生"的研学活动。

作为一个家长，我满心期待，表层原因是自己终于不用再干巴巴地给孩子讲农民辛苦、珍惜粮食，深层原因在于希望孩子通过实践把这些传统知识写入记忆。

孩子们兴奋异常，快乐地出发，滋生热切地探索。孩子们背着唐诗宋词，唱着歌，很快就抵达了研学目的地——北川。初春三月，这里春意盎然，随处可见老树发新芽，附身便是芳草和小野花。青山脚下一处黄色的小房子上写着"非遗传习工坊"，里面竟然藏着一个大大的"世界"。孩子们好奇地观察着身边的一切，好像世界被打开了一扇窗，他们急着一探究竟一切。我突然明白要培养孩子的内驱力，应该让他们快乐地开始，那样比讲言之凿凿的大道理管用得多！

孩子们在传习中收获知识，体验成长。工序复杂的扎染过程中，孩子们或认真细致地描绘着自己心中的图案，或小心翼翼地调着染料……当呈现作品时，孩子们都开心地与自己独特的作品合照，当然也有像我家娃一样一脸疑惑地看着自己手里的布只是从白色变成了另外一种颜色，心中的图案在一道道规定的工序中神秘地消失在手上，依然停留在脑海中，他想找出失败原因，唯一的方式就是再做一遍，因为只有实践才能出真知……由于集体活动有时间安排，他没有重做一遍，但回来给我说了这个想法，我还想找机会带他再去体验一次，希望他能验证他的想法。

孩子们在劳动中感受古人的智慧，传递自己的爱与温暖。推动铜磙在铜碾子槽中来回压碾研磨，就能使中药材更好地分解、脱壳，且保持良好的药性作用。古老的中药碾子让孩子们对古人的智慧心生敬佩，让我更为惊讶的是：孩子竟然会认真地记下祛湿止痒的药方，经过细心地研磨，给弟弟带回去两小包中药，让我给弟弟泡澡，说用了弟弟就不会长湿疹了。作为家长的我真的好感动，一次活动不仅能增长孩子的见识，还能温暖家人，难能可贵！

果树间套种蔬菜、锄头的使用等一系列的活动和讲解可谓是为孩子们量身定做，不仅改变他们"时人不识农家苦，将谓田中谷自生"的认知，还通过切身体验农耕劳动，在传习非遗工艺的活动中激发创新的种子，传递了爱与温暖。

第三节　责任担当　创享未来

高段突出"项目研究"，以社会服务为载体培养创新思维。通过文化遗产保护、航空科技实践等项目，引导学生关注社会议题，在团队协作中锤炼系统思维，在成果转化中增强社会责任感，实现个人成长与社会价值的统一。

五年级

景　点

江油李白故里

亮点推荐

李白（701—762 年），字太白，号青莲居士，又号"谪仙人"，是唐代伟大的浪漫主义诗人，被后人誉为"诗仙"。他与杜甫并称为"李杜"。为了与另两位诗人李商隐与杜牧即"小李杜"区别，杜甫与李白又合称"大李杜"。其人爽朗大方，爱饮酒作诗，喜交友。李白是中国最伟大的浪漫主义诗人，备受后人推崇。贺知章因《蜀道难》评李白为谪仙人，杜甫评价他"白也诗无敌，飘然思不群""笔落惊风雨，诗成泣鬼神"。王安石说"清水出芙蓉，天然去雕饰"。黄庭坚评李白诗"如皇帝张乐于洞庭之野，无首无尾，不主故常，非墨人篡工可拟议"。明朝人李攀龙说："太白古乐府，窈冥惝恍，纵横变幻，极才人之致。"明胡震亨说："合而若离，离而实合，曲尽拟古之妙。"《唐音癸签》中明陆时雍称之为"驱走风云，鞭挞海岳。其殆天授，非人力也"。而这位著名诗人的幼年、少年、青年的一部分是在美丽的江油度过，因此他个性的形成，诗才的飘逸，以及思维的幻妙都与美丽的江油有密不可分的关系。

早在三国时期，江油已经是蜀国出入关中的重要军事政治要地，也是蜀国最后一道抵御敌人的关口。江油2 000多年的文化，尤以李白文化最为灿烂。在江油的"李白故里"，不愧是得灵之地。故里前有如屏的匡山，背后又倚靠着天宝、太华诸山，蜿蜒的峰峦、明秀的山水，给江油平添一份雅致。而太白碑林，陇西院、太白祠、名贤祠，李白衣冠墓、磨针溪、洗墨池、粉竹楼、月园墓等，已列为省级文物单位，为江油又抹上了一层瑰丽的人文色彩。

"李白故里"为大美江油增添了浓墨重彩的笔画。江油之美，美在李白故里，李白故里之美，美在其丰富的文化内涵与浸润在中国人骨血里的文化符号。

游李白故里，走进李白的世界，感受历史上著名的浪漫主义诗人的魅力。探秘青莲居士、古韵传千古、盛唐木射、诗仙诤友录、李杜之交、大鹏同风起、梦想指南、诗与歌、诗与壶、诗与书等研学实践课程，通过寓教于乐的方式，让孩子们再次点燃了对诗歌文化的喜爱，对中华优秀传统文化的喜爱。来吧，我们一起踏上这条长长的文化长廊。

游览攻略

1. 访太白碑林园

研学内容：李白故里的人民为了纪念浪漫主义诗人李白，弘扬李白文化，让更多后人了解这位诗人，于2001年修建完成"太白碑林"，用13块地牌、石碑寓意李白诞辰1 300周年。太白碑林，集李白诗歌与历代书画艺术于一体。碑林气势恢宏，构思新颖。其依天宝山山势而建成，融山水、花木于一体，既显时代特色，又具汉唐风格。碑林以李白诗歌为主题，以李白诗风为线索，以碑刻形式集中展示太白诗篇中的精品佳作和具有代表性的书法家精品名作，规划成扇形诗碑广场。自然石碑、碑亭、碑柱广场、地面斜碑、巨型碑墙等各种形式石碑，向游人展示优美的园林胜景、精湛的书法艺术和高超的石碑石刻艺术。其中，"太白碑林"几个字由我国著名社会活动家、书法家赵朴初先生题写。

研学价值：学生认识石碑石刻的重要性。石碑石刻是文明传承的重要手段，石碑石刻有的是以文字的形式传播，有的是以像的形式传播。在文字不发达的时期，大多以像的形式传播，如敦煌莫高窟、陕西历史博物馆里的各种石刻。当然，这里除了石刻还有木刻，其中最重要的木刻是帛书《老子》的"德经"和"道经"，通过该木刻我们得知《道德经》最早的版本应该是帛书《老子》。石刻艺术一般描绘的是经典中的经典，是大浪淘沙后的中国文化的瑰宝，而文化瑰宝要在特定的石壁上出现，这就要求工匠根据内容做出合理的布局和安排：遥望东南，建几处依山之榭；纵观西北，结山间临水之轩。工匠须依仗地势与石形来雕刻。因此，让学生欣赏石碑石刻布局，就是一种文化传承。这种经典的文化是通过文字的符号表达出来的，而表达的作者又根据作品本身和自己的书法才能对作品进行另类的演绎，使作品在审美的基础上附加了形美的效果。因此，理解碑刻，可以让学生理解到形美神美的完全统一。碑刻真正让书法大家展示书法的美，例如"醉"的书写形似醉酒的人。学生在欣赏碑刻书法的时候，可体悟到书法与生活的关系。

2. 探清风明月园

研学内容：清风明月园取太白诗"月"为表现主题，以太白楼为中心，规划形成全区标志性建筑群，其中设置天宝邀月、谪仙舞剑等景观雕塑，使之形成赏月、吟诵、演唱太白诗歌并进行文化交流的空间。

研学价值：诗歌源自生活，取材于生活，诗歌是对生活的兴发与感动，诗歌是文字化的生活，生活是艺术化的文字，事实的洞明、人情的练达都是诗歌的要素，也是诗歌的架构。在清风明月园学生看到了李月圆之墓，可以追溯诗人的兄妹情感，以及兄妹情感对诗人诗歌奠定的情感基调。研学可以让学生认识到，雕塑的意义是诗人情感的外化表现，并理解诗人的雕塑者对诗人情感的发散性外溢。因此，学生通过对情感外溢外化的理解，进而把诗人的精神内化，达到提升境界、美化心灵、洞察自然、理解诗人的目的。在邀月台上感悟继《楚辞》以来诗人的"天问"思想以及孤独思想与现代诗歌的映照，体会李白作为儒士身上彰显的使命感与不屈的精神追求。

3. 研陇西家风园

研学内容：在"陇风堂"供奉着李家的三位先祖——老子李耳、西凉王李暠、汉将李广。入门处陈列着李暠书写的家训，正文第一条是：节酒慎言。展厅里陈列着一幅李白手书的《上阳台》的复本（真迹藏于故宫博物院）。陇西院内根据现代想象还原了李白旧居的布置，包括堂屋、书房、琴房等，院内还有一辆马车。在陇风堂左边还有一处建筑叫"序伦堂"，这里用雕塑的形式陈列李白部分生平事迹，比如李白母亲梦见太白金星而生李白、路见不平拔刀相助、力士脱靴、国忠研墨等故事场景，以及以图片、文字的形式介绍李白一生的经典故事与传说。"序伦堂"匾额由书法家于右任题写，正门楹联上书："百年诗酒风流客，一个乾坤浪荡人。"

研学价值：李白先祖老子是哲学家，李白本人是诗人，因此，这里是哲学与文学的隔空交会。院子的马车场景中布置了30根条幅，这展现了《道德经》中的"三十幅，共一毂，当其无，有车之用"。所以，有之为利，无之为用，有时定用，无是妙用。学生可以在这里形成哲理性思考，播下睿智的种子。学生了解李白的日常行为规范后，与日常行为规范作对比，进一步探究诗人的成长路程。

家长心语

访李白故居 寻诗仙之魂

> 寻李白，酒入豪肠。七分酿成了月光，余下的三分啸成剑气，绣口一吐就是半个盛唐。

> ——余光中

每读到余光中先生这首写李白的诗歌，我都会涌起一种激动，想再一次地去走一走李白的生活轨迹，找寻伟人的思想光芒。正好孩子参加了研学活动，可以慰藉我这颗渴望与诗仙再遇的心。

在活动之前，研学老师布置了根据李白的生活轨迹绘制图画的任务，以了解李白，并要求能够背诵李白出川前后的诗篇。于是，孩子和家长一起诵读或吟诵了《蜀道难》《峨眉山月歌》《渡荆门送别》《望天门山》《将进酒》，以及李白流放夜郎途中被赦免而写下的《早发白帝城》等诗篇，归纳整理了李白与"月"有关的诗句，阅读了中央电视台纪录频道的一部纪录片《李白》，观看了电影《长安三万里》《李白归来》，有心的老师在课堂上还带领孩子们诵读或吟诵了李白的大量诗篇。孩子们带着满满的诗意，整装待发。

孩子们走进李白故居，来到"太白碑林"前。碑林气势恢宏，构思新颖。在这里，孩子们见到了石刻艺术与书法艺术的完美结合，每一个潇洒俊逸的字、每一幅石刻作品都体现了书法家对李白作品的另一种解读形式。研学老师让孩子们在这里吟诵李白的诗篇，因为积累了大量李白诗歌，在龙飞凤舞的书法作品前，孩子们能根据一个熟悉的字，猜出作品的全部，充满了成就感。

老师除了介绍石碑石刻的相关知识，还特别地让孩子们找出"醉"字欣赏它的形——感觉真像一个人喝醉了酒的样子。孩子们感受到了形与神的完美统一，感受到了书法与生活的关系。不得不感慨研究李白文化的学者的潜心钻研精神，原来欣赏是需要学习的！

在"太白碑林"前驻足良久，孩子们不仅被它的扇形布局折服，更为它的碑刻艺术感染。孩子们继续往景区内游览，依次参观了太白祠、陇西院、粉竹楼、月圆墓、洗墨池、磨针溪等历史悠久的文物景点。研学老师根据李白的祖上老子的故事和院内的一辆马车，说起《道德经》的哲理。孩子们感叹文学与哲学的时空交汇，感叹艺术来源于生活的道理，学到了课本上没有的知识，抽象的道理源于生活在这里得到充分体现。是啊，睿智是让你像哲人一样思考，这就是研学的魅力。

在李白故居，孩子们还举行了"正衣冠、学唐礼、拜诗仙"的传统活动，在击鼓明智中诵读经典，形式庄严，很有仪式感，给学子勤学、尊师、宏志的启示。孩子们仿佛穿越时空，与诗仙对话，仿佛盛唐就在眼前。如今"李白"已经是一个文化符号，深深根植于中国人的血脉之中。

绕过小巷，来到邀月台——李白手举酒杯，豪迈飘逸，诗仙风采具足！孩子们忍不住齐声诵读："举杯邀明月，对影成三人。"更有调皮的孩子，跑上前去做诗仙一样的动作。他们是多么喜欢与热爱李白啊！

如果没有李白，也许全唐诗会短那么一点，但是，不知道孩子们的生活会失去多少鼓励。"长风破浪会有时""我辈岂是蓬蒿人""天生我材必有用""千金散尽还复来"这些具有力量的话语谁还会说？

六年级

景　点

绵阳飞行职业学院

亮点推荐

绵阳飞行职业学院（以下简称"绵飞院"）是经四川省人民政府批准成立，以飞行人才培养为主的全日制高职院校。学院是绵阳北川羌族自治县重点建设项目"大美羌城——泛美航空科技城"的核心部分。2020 年其被《人民日报》《中国民航报》和四川在线等众多国内媒体广泛报道，被誉为"中国首家民营飞行学院开创者"，同年正式成立研学运营分部。随着研学内容不断丰富，师资、助教、场地、设备逐步成型，成熟的集团化运营团队为中小学学生提供特色化研学课程。2022 年航空研学营地全面发力，创建了航空主题研学基地。

运营团队聘请一大批经验丰富的民航行业专家、航空院校专家教授、学术技术带头人，打造了直升机、固定翼机驾驶、空乘、空保、机务飞机维修、无人机、民航安检等多个专家团队，确保青少年培训及体验内容具有专业性、实操性、趣味性。

研学项目采用设计思维的开发理念设计课程体系，以"研究性、趣味性、体验性"为主线，研学教育课程包含了航空科技、航空安全、民航素养三大体系数十门课程及专题内容。

游览攻略

1. 民航科普校园参观

研学内容：走进绵飞院，就能看到各类实训教学区、直升机真机、历史钟塔、彩虹大桥。在参观中感受民族建筑风格，方寸之间探寻中国古典雕塑的故事，解读客舱工作场景，了解科技的重要性，近距离解析直升机的秘密，让更多热爱蓝天的学生能够展翅翱翔。

研学价值：通过聆听空乘导游讲解，认识到绵飞院的魅力、了解各类建筑群及实训设备，从中发出自己的疑问，共同探讨。参观时，孩子们会面对各种问题，主动分析思考，发挥自己的创造力去解决问题，从而增强思维能力，培养良好的学习习惯。

2. 航空发动机及飞行原理探索

研学内容：航空发动机是一种高度复杂和精密的热力机械，为航空器提供飞行所需动力。走进飞机发动机陈列室，直面"活塞式发动机"和"喷气式发动机"。低速、小型、短程飞机常用"活塞式发动机"，高速、大（中）型、远（中）程飞机常用"喷气式发动机"。

研学价值：课程由机务专业教师带队授课，让学生了解飞行器发动机常见的分类原则，以及发动机工作和发动机产生推进动力的原理。飞机上发动机的数目是由飞机的重量、种类、用途，以及发动机的类型决定。研学为学生提供了获得知识的平台，从陌生的理论知识讲解到形式多样的实践操作，让学生接触到航空领域的科学知识，将书本知识与课外知识相结合，既拓宽了学习的知识面，也培养了学生的科学思维。

3. 航空科普知识讲座

研学内容：航空科普知识包括民用航空总论、飞机的一般介绍、飞行基本原理、空中交通管理、民用机场概论、民航旅客运输、民航货物运输以及客舱设备等方面的知识，涵盖了民用航空运输业的各主要组成部分的知识和内容。

研学价值：通过聆听讲座、师生互动了解航空器的发展史及分类，包括飞行器的构架及基本原理，并以互动的形式来实践飞行器的基本操作。这样的活动让学生了解了中外民航发展史，了解了飞机结构和作业原理，激发了学生学习航天知识的兴趣，培养了学生勇于创新、敢于探索的创造性思维。

4. 航模制作与飞行课程

研学内容： 航空模型活动是一种科技活动，通过简易航模飞机的组装，讲究不同零件部位的功能和作用，区分航模飞机与模型飞机的不同之处，从局部到整体构建系统思维。学生利用所学航空气流原理知识，实际动手完成个人航模组装，更深入地了解飞机各个部件、动力原理等。

研学价值： 航空模型制作活动既可以启蒙科技思维，又可以真正锻炼学生发现问题、分析问题和解决问题的能力，以及锻炼学生的思维敏捷和手脑协调等综合能力。

5. 高空静舱逃生体验

研学内容： A320 紧急撤离训练舱作为专业级乘务员训练设备，将高空逃生教学与互动体验相结合，在课堂导入、课中互动、课后分享各环节将安全与危险作为核心内容，与同学们一起紧急撤离，安全逃生。

研学价值： 感受危险来临时的心理状态，在老师的协助下安全逃离。通过班级集体活动，凸显班集体在危险和不确定因素来临时沉着冷静的状态，增强班级凝聚力。在一次次挑战和尝试中，完成紧急撤离任务，增强学生自信心，激发学生的学习热情。

6. 民航礼仪训练

研学内容： 在空乘礼仪课堂，统一着装的空乘人员将带领同学们走进礼仪文化，提升手、眼、身、法、步，打造自信昂扬的小小空乘人员。

研学价值： 学会感知、欣赏礼仪之美，体会基础礼仪动作中蕴藏的肢体语言，锻炼身体形态，播种一颗气质高贵的种子，尊重自己，尊重他人。这种尊重会一直贯穿于学生的与人交往和与人沟通中，增强团队协作意识和合作能力。

7. 咏春拳术

研学内容： 咏春拳作为中华武术的一大派系，以其稳健的步伐、矫健的手法立于基本入门功夫。学生掌握基础套路小念头，中级套路寻桥，高级套路指标、木人桩法、过手、八斩刀、六点半棍，由浅入深地领悟咏春的奥妙。

学生在反复不断地练习过程中，跟随研学老师讲解，清楚咏春拳在客舱环境下制伏危险人物的优势。

研学价值：咏春入门阶段的体验，让学生正气、正心，激发勇气、信念、谋略。在研学活动中融入独具特色的传统文化，让学生感受中华武术的博大精深，培养学生继承、发扬中华文化的兴趣与自觉，增强学生的民族自豪感和家国情怀。

8. 直升机飞行表演

研学内容：绵飞院以飞行人才培养为切入点，将固定翼机和直升机投入教学训练，学生将直面真机，近距离观察驾驶舱和机身结构，怀抱对蓝天的渴望，感受科技的无穷魅力，把好奇心融入生命力，登上未来班机朝着梦想飞行。

研学价值：学生通过参观了解了关于航空工业的奥秘，对航空工业产生了浓厚的兴趣，学习了航空人自主创新、自强不息、艰苦奋斗、勇攀高峰的工匠精神。将爱国主义教育贯穿于活动中，以直升机讲解为课程载体，能触发学生最朴素的爱国情感，增强其民族自信心。

家长心语

逐梦蓝天，献礼百年

为了让同学们近距离深入了解航天文化，学习航空知识，感受航天事业的魅力，树立航空报国的理想，我们来到绵阳飞行职业学院，开展主题为"逐梦蓝天，献礼百年"的航空科普研学活动。

初到校园，孩子立刻就被学校独具特色的建筑风格所吸引。校园中间的古典雕塑、横跨水面的彩虹大桥，到处都体现着浓浓的"禹羌文化"。漫步于整洁美丽的校园里，孩子们仿佛置身于绿意盎然、充满民族风情的公园里。最让人印象深刻的是，穿梭于校园各个角落的大哥哥、大姐姐脸上洋溢着笑容，有时还与研学的孩子们亲切地交流，为大家介绍自己学校的点点滴滴。

这时，震耳欲聋的轰鸣声突然响起，孩子们的目光齐刷刷地向校园中央的大草坪移去。原来，停在这里的一架直升机准备起飞了。有的孩子手指着直升机兴奋地跟同学讨论着飞机的外形，有的孩子新奇地望着这个从未见过的庞然大物久久不愿离开，还有的孩子赶忙用手捂着头顶的帽子，生怕被螺旋桨掀起的巨风吹走。很快，在孩子们满心的期待和全场的欢呼声中，直升机缓缓拉起，上升到半空悬停，再向上跃升，在孩子们头顶盘旋了几圈后向远处飞去，慢慢消失在天边。

接着，研学老师带着孩子们来到学校教学楼下走进民航礼仪课堂，开展空乘礼仪训练。"不学礼，无以立。"从简单的表情管理，到身体姿态的控制，再到简短的语言交流，每一个细节中都包含着尊重自己、尊重他人的礼仪文化。孩子们专心地听，仔细地看，认真地学，仿佛每个人都已经成为一位文明有礼的小小空乘人员。

接下来，孩子们来到学校的阶梯教室，听研学老师讲解航空气流原理知识，了解每个部件的功能，实际动手完成个人航模飞机的组装。听完老师的讲解，孩子们开始观察自己手中的航模部件，根据已经学到的知识，结合示意图，再尝试拼装。在实际操作的过程中，孩子们会通过请教老师、和同学讨论等方法解决自己遇到的问题。很快，一架架航模飞机组装完成，孩子们迫不及待地开始试飞。在一次次失败和尝试中，不断提出问题，不断解决问题，每个孩子都沉浸在学习与实践的快乐中，他们的航空梦也随着小飞机飞向那更高更远的蓝天。

孩子最喜欢的课程是"高空静舱逃生体验"。同学们在教练的协助下，调整良好的心态，掌握正确的姿势，从逃生梯滑下紧急撤离，安全逃生。几分钟的热身活动后，研学老师教大家换上训练服。几个动作快的孩子先换好衣服就开始帮助其他的同学，还有些孩子正耐心热情地给胆小的孩子打气。最后，在教练的协助和同学的鼓励下，每个孩子都出色地完成了逃生训练任务。

老师带着孩子们走进飞机发动机陈列室，了解飞机的发动机。学院的专业老师让学生了解了关于飞行器发动机的原理和各类知识。孩子们席地而坐，每个人都全神贯注地听老师讲课，大家争先恐后地回答老师的问题，积极主动地参与互动活动。

最后，孩子们来到操场跟着研学老师学习咏春拳。即使烈日当空，即使已经汗流浃背，孩子也认真学习一招一式，在稳健的步伐和矫健的手法中，了解到咏春拳在民航工作中应对危险人员的优势，从中感悟到中华武术文化的博大精深。

　　航空科普研学活动让孩子们受益匪浅，他们能感知祖国航天事业的进步，感悟一代代航天人精神的传承，感受科技创新发展的魅力，一粒粒航天的"种子"已经埋在孩子们心中，愿他们将来都能实现自己的航天梦！

　　家长朋友们，每一次研学都是孩子触摸世界的窗口，每一场实践都是心灵成长的沃土。让我们以书为帆，以行为桨，助力孩子在探索中积淀智慧，在体验中丰盈生命。当书本知识与生活实践相碰撞，当童真童趣与社会责任相交融，终将绽放出属于他们自己的璀璨光芒——这正是教育最美的模样。

第八章

玩转假期　多元成长

假期是生活育人的最佳时期，也是学生个性化发展的黄金时期。我们以"学生健康快乐成长"为指引，将学生作为活动的主体，将"生活世界"作为活动内容的范围进行设计，形成了小学低、中、高段的"假期亲子实践活动"，助力学生在假期接触自然、体验生活、融入社会，进而实现全面发展与自我成长。

第一节　趣玩童年 认识自然

低段突出"有趣味"，意在唤醒学生自主意识。每一个学生都能真切地触摸生活，留下自己的成长痕迹，被欣赏、被激励，体验成功、愉悦、自信地学习和生活。

实践活动案例

一年级
探秘自然：绿野奇遇成长营

（一）夏日探"藓"

"你们快来看，这是什么？"一赫像发现了宝贝似的叫起来。

梓城说："这绿绿的是小草吗？"

木木说："小草是一根根的。"

墨墨说："这是青苔，水里石头上就有。"

溪溪说："这是草丛里的植物，只是很小而已。"

航航说："这是石头上长的植物，我以前见过。"

大家各抒己见，争论了起来，我们在课本上好像见过这种植物。于是，我们询问一赫妈妈，一赫妈妈热情地告诉我们：这种植物叫苔藓。我们恍然大悟，哇！原来这就是苔藓呀！

"苔藓是一种小型多细胞绿色植物，结构简单，仅包含茎和叶两部分，苔藓喜欢潮湿的环境，一般生长在裸露的石壁上、潮湿的森林里或泥泞的沼泽地里。"一赫妈妈补充说道。

看着我们迷惑的小眼神，一赫妈妈告诉我们实践出真知，建议我们带上工具，一起上山去寻找苔藓。出发前，一赫妈妈拿出苔藓的照片，向我们耐心地介绍苔藓的种类、特征和生长习性，还列举了几种常见的苔藓。我们都惊讶于苔藓的种类之多、大自然的神奇，并对上山寻找苔藓有了更浓的兴趣。

虽然上山的路有些泥泞曲折，但我们互帮互助，不一会儿就找到了苔藓。不过开始取苔藓时，我们却无从下手，不知道该怎么去挖。这时，芷诺妈妈走了过来，耐心地指导我们如何使用工具，怎样快速地挖起苔藓。

功夫不负有心人，不一会儿，我们就挖到了许多苔藓。

我们将挖掘回来的苔藓分开摆放，用镊子、小剪刀等工具，从大片苔藓中分离出小的苔藓，制作成标本，用显微镜进行观察。我们通过查阅资料、比较判断，弄清了苔藓的类别，完成了苔藓小调查。

我们发现了不同苔藓的奥秘：大灰藓是绿色或者黄绿色的，有不规则的羽状分支。短绒藓色泽鲜嫩、形态饱满。星星藓像一颗颗星星，缺水时叶子会聚拢起来。大羽藓体型稍大，是绿色或者黄绿色的，叶子交织成片。

当我们对苔藓有了初步的了解之后，家长又鼓励我们提出自己还想了解的问题。

于是，大家七嘴八舌，又提了许多奇奇怪怪的问题：

苔藓有什么用处呢？苔藓的种子在哪里呢？苔藓可以吃吗？……

爸爸妈妈们一一为我们作了解答。原来，苔藓不仅具有很强的观赏性，而且有食疗作用，可以入药，还能作为检测空气污染程度的标志性植物。让我们留住这一片可爱的绿色，创造一个属于自己的苔藓微景观吧。

在一赫妈妈和曦墨妈妈的耐心指导和帮助下，我们化身为"设计大师"，先用颜料笔画出自己要做的苔藓微景观，一笔一画勾勒出自己的想象作品，"兔子森林""勇敢者之城""鸟语花香""梦境森林""山清水秀"……一幅幅生动的微景观跃然纸上！

我们开始制作苔藓微景观了。若骁爸爸告诉我们，铺小石子在泥土上的时候，一定要注意把小石子均匀地分布在泥土上，这样才能更好地铺上苔藓。此外，苔藓喜欢潮湿的生长环境，因此要多用喷雾保持空气湿度，浇水时避免积水、避免阳光直射。哇，若骁爸爸懂得真多！我们按照他所教的方法，成功地制作出了美丽的苔藓微景观。

最后，我们尝试在石头上种植苔藓。一赫妈妈告诉我们，首先找到一块自己喜欢的石头，取出少量苔藓捣碎，混进泥土里，加入面粉，增加营养；然后加入少量的水，将泥土、苔藓、面粉搅拌均匀，最后把泥土均匀地抹在石头上，就大功告成啦！期待接下来的变化吧！相信每天悉心照顾，石头一定可以长出苔藓！

家长小贴士：

夏日"探藓"活动，孩子经历了提出问题、收集信息、设计调查、观察猜想、实验操作的完整探索过程，在对大自然的探索中，孩子们分析问题、解决问题，提高了审美水平和动手实践能力，丰富了课余生活，感受到了大自然的神奇与美好！

（二）探寻不一样的水上植物

今天上午，我们一行小朋友走进了富乐山公园，探寻不一样的水上植物。我们早早地来到公园内的富乐堂门口，阳光很美好，草地也很美好。

进入探寻主题之前，我们先进行了一场热身活动。

第一个游戏是"马兰花开几朵"。我们和爸爸们排好队，按照滕爸爸的口令，迅速找到队友组合，没有组合成功的同学则进行节目表演。大家玩得可开心啦！

我们又分男生队和女生队玩了"找树叶"的游戏，黄爸爸提前采集了一些植物的叶子，放在一块白布上，他给了我们 3 分钟观察和记住叶子，再让我们在 5 分钟内尽可能多地去寻找看见过的叶子。

通过爸爸妈妈们的评比，女生队找到相同的树叶最多，女生队获胜！

接下来，就进入探寻水上植物活动。

什么是水生植物？水生植物都有哪些种类？带着这些疑问，我们跟着爸爸妈妈们进入了富乐堂大门。映入眼帘的是一大片美丽的荷花池，荷叶碧绿碧绿的，挨挨挤挤，既像一个个圆盘，又像一柄柄大伞。而盛开的荷花像一个个穿着粉色纱裙的仙女，随风摇曳，在荷叶的衬托下，娇艳无比。我们突然想起了书中的诗句"接天莲叶无穷碧，映日荷花别样红""小荷才露尖尖角，早有蜻蜓立上头"。

我们又来到一个小池塘旁，通过观察和爸爸妈妈们的讲解，我们知道了水生植物的种类大概有五大类。一是挺水植物——就是根扎在泥里，茎和叶挺立在水面上，比如荷叶、狐尾草、梭鱼草；二是浮叶植物——根和茎扎入水里，只有叶片浮在水面上，就是睡莲；三是沉水植物——植物体全部位于水层下面，我们平时看到最多的就是水草；四是漂浮植物——整个植物体漂浮在水面上，那是浮萍；五是水缘植物——长在池塘边的植物，又叫湿生植物，比如我们在池塘边看到的芦竹。

水生植物会被淹死吗？水生植物和陆生植物有什么差别？为了回答这些问题，伊爸爸给我们看了荷花的叶子和茎，他说，植物的叶子一般是用来呼吸氧气进行光合作用的，根茎从泥土或水里吸收水分，为植物的生长提供养料。通过观察，首先我们发现荷花的根茎表皮很薄，根是空心的，根系也比较小，我们再和旁边大树的枝叶一一对比，发现陆地上生长的植物表皮很厚，根系大且长；其次是水生植物传播种子的方式是经过水流传播，而陆生植物主要是靠风传播。

在爸爸妈妈的帮助下，我们画出了思维导图，通过绘图和文字让我们对水上植物有了更多的认识。

不同地域和季节有不同的植物。李妈妈告诉我们，为了长时间地保存和观察植物的形状和色彩，植物可以做成标本。于是，我们在草地上捡起自己最喜欢的叶子带回家，层层压制，经过 3 天的翻晒，我们的标本出来啦！这可是一件非常有意义的事情。

家长小贴士：

烈日炎炎，对于近三个小时的活动，孩子们丝毫没有退缩。通过这次活动，孩子们找到了属于这个夏天的美好，懂得了水上植物的生长规律，更明白了要想获得新的知识，需要不断地学习、运用和探索，才能使自己收获真知。

（三）探索黑夜中的大自然

"小朋友们，你们好！欢迎来到蝶影虫虫自然教育营地，我是你们的自然老师，除了蝉的叫声，你们还知道其他昆虫怎么叫吗？毛毛虫为什么能变成蝴蝶？好端端的虫子，为什么把自己长成树叶的样子……"自然老师一来，就向我们抛出了这么多新奇的问题。

我们七嘴八舌，争先恐后地回答老师的提问。老师见状，连忙带领我们走进大自然，去寻找答案。

蝴蝶

蝴蝶是夏天常见的小生灵，但它羽化的奇妙瞬间大部分人都没见证过，在自然老师的指导下，我们与蝴蝶来了一场美丽的邂逅。

我们得知，毛毛虫破茧后，有可能成为蝴蝶，也有可能变成飞蛾。蝴蝶和飞蛾都属于鳞翅目的飞行昆虫，经过卵、幼虫、蛹或者茧、成虫四个时期。

判断一只毛毛虫是蝴蝶幼虫还是飞蛾幼虫，可以观察成长的第三个阶段。如果毛毛虫的叶丝做成的一个茧，把自己包起来，破茧后就会变成蛾子；如果毛毛虫吐几条丝将自己固定住，逐渐变硬成为虫蛹，最终就会变成蝴蝶。

蝴蝶死后自然风干，做成标本。我们首先需要在蝴蝶背面、胸部插入昆虫针，然后用热水把它的四肢烫软，用镊子拉开上翅，用针固定两侧触角，腹部固定在相框交叉处，最后铺平压在相框里，贴上蝴蝶名字就完成了。

蜥蜴与蛇

提起四脚蛇，也就是蜥蜴，很多小朋友都会瑟瑟发抖。其实这种动物非常可爱，是我们人类的好朋友，需要我们的保护。它们是无毒的动物，生活在石块下边或草丛里，能捕捉蝗虫、夜蛾等害虫。它保护了菜园和果园，对人们很有益处。蜥蜴还有一个特别之处，它能在室内捕食苍蝇、蚊子、蟑螂等害虫，所以我们应该保护它。

蛇的种类许多，有毒蛇、蟒蛇、小草蛇……蛇长着长长的舌头，寿命较短，一般只能活 10~20 年，它们每年要冬眠 3~6 月，只有我国华南地区的蛇不会冬眠。

夜行生物

天气闷热潮湿。入夜后，白天躲避天敌的各种昆虫、小动物都出来活动了。它们在夜幕的掩护下，悄然繁衍生息。

漫步山野，头上的探照灯为我们搜寻着每一个角落，我们把目光聚集在树上，见到了白鹅蜡蝉。忽然，白锦奕看到了一只正在脱壳的蝉，只见蝉的身子已经从黑黑的旧壳里伸出了一大半，正在以极其缓慢的速度完全脱出。而在不远处，我们还看到了一只完全脱了壳的金蝉，在探照灯的照射下，蝉的身体发出了金色的光辉，我们觉得太震撼了。

活动接近尾声，我们还发现了一只匆忙赶路的大蜘蛛和一只正在熟睡的蜥蜴，大家看完后都连连称奇。

两个多小时的户外步行探索后，我们还是异常兴奋，不觉疲惫。一有发现，我们就呼唤老师，声音此起彼伏，在山谷间回荡，今天，我们对大自然的了解更深刻了。

家长小贴士：

探索黑夜中的大自然活动，把森林、花丛、草地、黑夜当作孩子们的教室，让小朋友们体会到泥土与青草的芳香、虫鸣与蛙叫的应和、蝶舞与虫爬的奇妙，明白每一种动植物都是大自然的一员，也知道了不同生物的生存方式，更懂得要像保护我们的眼睛一样，保护好我们的生态环境。

实践活动案例

二年级
拾光漫游：假日魔法体验课

（一）嬉夏

今天，我们在爸爸妈妈的带领下，来到了北川的羊耳沟，开展"嬉夏"亲子主题实践活动。

捉鱼

"小朋友们，你们知道怎样才能捉到小溪里的鱼吗？"刘妈妈在活动前向我们提问。小唐同学说："把渔网悄悄堵在洞口，等小鱼出来就一网打尽。"小苏同学说："先放点食物当诱饵，把小鱼引出来。"

我们迫不及待地换上漂亮的泳衣，拿着渔网，提着小桶，开始捉鱼。可是，10分钟过去了，20分钟过去了，我们却一无所获。大家都垂头丧气，失望极了。

就在我们一筹莫展的时候，转角处的罗妈妈大声喊道："我又捉到了一条鱼。"我们就像抓住了一根救命稻草似的，连忙向罗妈妈跑去，准备拜师学艺。罗妈妈给我们来了个现场教学。

原来，捉鱼并不像我们想象得那么简单。首先要观察，找到小鱼的位置。然后要思考，对准鱼的头部下网，再从鱼身后快速赶水，才能把鱼赶进渔网里。我们照着罗妈妈教的方法做，果然捉到了好多鱼。我们对罗妈妈佩服极了，我们从她身上学到了书本上学不到的知识。

测量一棵大树的高度

"谁有办法测出一棵大树的高度？"唐妈妈指着小河岸边的树林问。"可以爬到树上去量呀！""谁能爬上去呢？""就算能爬上去，我们也没带那么长的尺子呀！"

就在我们争得面红耳赤的时候，唐妈妈教给我们一个万能的方法：我们就地取材，在地上找一些枯树枝，然后掰成手臂长短，手臂伸直，将树枝直立擎在手中，确保树枝的上端与树尖重合，树枝下端与树的底部重合，再用我们的步幅测量出我们与树的距离（一步约等于 1 米），最后就测量出了树的高度。

原来，树林里也有数学，我们身上（边）也藏着各种神奇的尺子。唐妈妈教我们用"转换"的思维，把复杂的问题转换成简单的问题，唐妈妈真是智慧女神的化身呀！

我们还打了水仗、捉了螃蟹，品尝了夏天的时令水果，不同的水果有不同的味道，酸酸甜甜的味道像极了我们的生活，甜蜜的我们要吃，酸涩的我们也要尝。

家长小贴士：

孩子天生具有"亲生物性"，利用假期带着孩子亲近自然，读大自然这本无字之书，更能激发孩子们的创造性。

儿童发展的本质是经历，让孩子去经历失败、经历失望、经历"穷尽思维"，他们才会主动求知，虚心请教。家长教孩子，要教在孩子想学的时候，孩子"无计可施"的时候，才能真正启迪孩子智慧。

（二）忆苦思甜，畅想未来

8 月的某一日下午，骄阳似火，我们相约来到美丽的蝴蝶谷，开展"忆苦思甜，畅想未来"亲子实践活动。

吃晚饭时，小朋友们一桌，爸爸妈妈们一桌。快一个暑假没见面了，大家有说不完的笑话，讲不完的故事。不一会儿，爸爸妈妈们的餐桌一扫而空，而我们的餐桌呢，除了饮料喝得多，菜品基本没动。这么热的天，真没胃口！也难怪，我们小队平均身高是班上最矮的，说起吃饭，大家的脸就像一团揉皱的纸，特别难看。

这时，刚刚退伍的胡爸爸走过来问："小朋友们，你们还记得《悯农》吗？"这怎么难得到我们？大家张口就来："锄禾日当午，汗滴禾下土，谁知盘中餐，粒粒皆辛苦。"正当我们得意之际，胡爸爸给我们播放了一段视频：一位教官捡起新兵扔进垃圾桶里的剩饭剩菜，一口气吃完后，命令所有的士兵今后再也不准把剩饭剩菜倒进垃圾桶里，谁倒了谁就自己捡起来吃掉！看了视频，我们真是羞愧难当，无地自容。我们又默默地回到餐桌前，继续吃着桌上的饭菜，直到吃完最后一粒米。

后来，胡爸爸又给我们分享了军人的日常，原来我们和平、安宁、幸福的生活是多么来之不易呀！

睡觉前，胡爸爸又和我们约定，第二天早上自己整理内务，再一起晨跑。

第二天早上6点30分，胡爸爸一声哨响，我们赶快起床、洗漱、整理被子，等待胡爸爸检查。说也奇怪，被子里面装着软软的棉花，可在胡爸爸手里却变成了听指挥的"哨兵"，站得端端正正，棱角分明。我们在一旁偷师学艺，心想回去一定好好练习！

整理好内务后，我们跟随胡爸爸的口令开始晨跑。我们奔跑在林荫小道上，淡淡的清香扑鼻而来，使我们心旷神怡，路旁青青的野草中夹杂着几朵野花，红得似火、粉得像霞。溪水经过一夜的沉静显得更加清澈，路过小桥时，河里的小鱼刚好伸出头来吐了一个小泡泡，可爱极了！

早饭后，我们来到了玉米地体验劳动，高高的玉米秆上挂着成熟的玉米棒子，这些玉米怎么和我们春天见到的不一样？请教爸爸妈妈后，我们明白了，原来成熟的玉米都变了，绿衣服变成了黄衣服。看着一包包玉米，我们按捺不住内心的激动，争先恐后地钻进玉米地里，无师自通，你掰一包，我掰一包。不一会儿，我们掰的玉米就装满了一背篓。看着满背篓的玉米，农户婆婆一个劲儿地夸奖我们。我们开心地说："这是我们应该做的。"是的，一颗玉米从播种到收获，经历了多少风雨，农民伯伯要付出多少劳动和汗水呀！我们不光要会背《悯农》，更要把珍惜每一粒粮食落实在行动中。

中午，我们找了一处阴凉的小溪沟席地而坐，开始设计未来的房子。刚开始，我们都茫然不知所措，刘妈妈启发道："小朋友们，你们见过北京宏伟的故宫吗？你们见过上海的东方明珠吗……""见过、见过！"我们顿时来了劲儿，小队长罗秋予让我们先谈谈自己对未来房子的设计，然后画出我们设计的房子蓝图。

我们的想法非常奇特：有蛋糕房，有鲜花房，有满是机器人服务的房子，有风能发电、能过滤海水的房子……

奇妙的想象，奇特的房子，每一座房子里都藏着我们的小小心愿，我们一定要好好历练自己，为祖国的美好未来贡献自己的力量。

家长小贴士：

教育孩子，千百次的说教不如一次真切的体验，案例中的胡爸爸身体力行，以身作则，为孩子们树立了一个学习的榜样，相信榜样的力量，家长也要努力成为榜样。

远离城市的喧嚣，放下手中的手机、平板电脑，带着孩子回到农村，体验劳动的艰辛，他们才会更加珍惜今天的幸福生活，才更有创造未来美好生活的原动力。

（三）玩一场传统游戏

今天，让我们穿越到爸爸妈妈的童年，玩一场别开生面的游戏吧！

抓石子

玩法：将七颗石子于桌面上丢开，拾起一颗石子作为抛子，向上抛到空中，趁抛出的石子未落到桌面前，用抛石子的手抓起桌面上其他石子，再快速接住刚才抛出的石子。如果抛出的石子没接住或者桌面上的石子没被抓起，就结束游戏，由对方开启游戏。看着妈妈们玩得游刃有余，我们个个跃跃欲试。可是，石子就是不听使唤，想故意捣乱，到处乱窜。

妈妈们看到我们手忙脚乱、不知所措的样子，既兴奋又觉得好笑。在我们的央求下，她们道出了抓石子的技巧：抛子往上抛时尽量抛高一些，抓石子先要确定好目标石子，手掌张到最大，快速将石子抓在手里，抓完石子后迅速翻手接住抛子！紧接着，妈妈们轮番上阵演示。不一会儿，我们也成了抓石子游戏的高手啦！

滚铁环

玩法：右手持长柄，将其搭在铁环外侧，通过长柄的钩子将手的力量传递到铁环上，促使铁环快速滚动起来。

爸爸们熟练地滚着铁环满场转，那一刻，他们仿佛变成了无忧无虑的孩童。我们也开始尝试，可铁环就是不听我们差遣，刚一滚，就倒地不起，好像故意耍赖似的。于是，爸爸传授了滚铁环的小妙招：选择平坦的路面，或坡度不大的草坡。手上的长柄就像方向盘一样控制着铁环的方向，通过手上的力量，控制铁环的速度，使铁环保持动态平衡。果然，当我们把小妙招运用起来的时候，铁环不仅能高速滚动，还能倒退着滚动，简直听话极了！

打宝

玩法：一方将纸宝儿放置于地上，另一方用手里的纸宝儿使劲砸地上的纸宝儿，如能将地上的纸宝儿砸翻，则赢得对方的纸宝儿。

我们在一旁观察歆芮爸爸的绝招：放纸宝儿时，他尽量放在低洼处，让纸宝儿的四个角同时着地，抢占先机。而到了砸别人的纸宝儿时，他尽可能根据纸宝儿的位置和风口选择攻击的方向，借助风力的惯性使劲一砸，轻而易举地就把别人的纸宝儿收入囊中啦！

分田地

玩法：游戏双方使用小刀在泥地上划一个长方形作为田地，分为均等的两份，作为各自的地盘。使用小刀去扎对方地块的边线，若小刀扎中边线，且不倒，就可以在扎口处画一条线，将对方的土地分割成两份，由对方选择一份，另一份就成了自己的土地，直到其中一方土地缩小到无法再下刀，就分出了胜负。

游戏中，悠然妈妈给我们讲授了自己的经验：尽量朝着对方的中线，而不是边线上扎刀，让对方在选择时毫无优势，每次都可以最大限度地分得对方的土地。大家玩得不亦乐乎，看着眼前这一方小小的泥地，我们好想回到爸爸妈妈小时候那个没有钢筋混凝土的小学操场看看啊！

好玩的游戏实在太多啦，挑小棒、弹弹珠、摔泥炮、老鹰捉小鸡、东南西北、跳皮筋……哈哈，那个总是在厨房忙碌的妈妈，那个总是不苟言笑的爸爸，那个总是催我们做作业、不要玩手机的大人，也曾经是个孩子！他们也有丰富多彩的童年呀！

家长小贴士：

孩子们穿越时光，重温爸爸妈妈们的童年游戏。两代人因地制宜，共同参与，既增进了亲子感情，又获得了创造的乐趣。

父母利用假期，带领孩子走出家门，在玩中学，在学中思，在思中变，激发孩子的好奇心、探究欲，为每一个孩子搭建一个展示自己、快乐成长的平台，让每一个孩子都发出属于自己的光。

第二节　多彩童年　职业体验

中段突出"有意义"，意在提升学生自主能力。帮助学生跨越自己的最近发展区，创造更好的发展土壤，搭建适宜学生生命绽放的平台。

实践活动案例

三年级
研途知行：行走课堂探未知

（一）凌晨五点的菜市场

你看见过凌晨五点的日出吗？你呼吸过凌晨五点的空气吗？你听过凌晨五点菜市场的吆喝吗？你感受过城市清晨的车水马龙吗？7月的一天，凌晨五点，我们在爸爸妈妈的带领下，走进菜市场。

准备进菜

在爸爸妈妈的帮助下，我们先去买菜，不同的小朋友选择了不同的方式，有的去批发市场，有的去农户家收购。

我们首先进行实地调查、了解各种蔬菜的批发价，并记录、比较，然后选择性价比最高的菜进行采买，最后根据进价确定售卖价格。

摆摊售卖

就要当"小老板"啦！我们铺开一张薄薄的塑料薄膜作地垫，把蔬菜、水果分门别类地摆上去，旁边放置一台电子秤，便开始招呼顾客。称秤，算账，收款，分装蔬菜、水果，大家分工合作、协同配合。

爸爸妈妈们担心的眉头渐渐舒展开来，他们在旁边拍照、摄影，用心地记录着我们成长的点点滴滴，不时为我们鼓劲、加油！

家长小贴士：

人间烟火气，最抚凡人心。菜市场是我们日常生活的主场地，带着孩子们来体验最朴素的卖菜、感受人们的生活日常便是教育。

孩子天生具有"同理心"，卖菜人每天早起，比上学早多了，多不容易呀！孩子们一定要珍惜他们的劳动成果，尊重他们的工作。

（二）走进中物院科技馆

富国和强军，如车之两轮、鸟之双翼。没有强大的国防力量，国家发展的安全环境就难以保障。原子弹和氢弹是保障和平与发展的国之重器。

"两弹"是怎样研制出来的？它们的背后有着多少不为人知的故事，又有着多少英模人物的动人篇章？

我们在爸爸妈妈的陪伴下，来到了中国工程物理研究院科技馆（以下简称"中物院科技馆"），开展亲子主题实践活动。

早在一周前，我们的家长导师敏妈妈就给我们布置了"任务"——搜集和了解与核物理有关的背景知识：什么是核物理？我国杰出的"两弹"科学家都有哪些人？他们的成就是什么……

同时，在资料收集、学习中，我们还要提出自己的问题，并带着这些问题去参观。我们每个人提了 2 个问题，一共有 14 个问题，我们将在中物院科技馆中找到答案。

敏妈妈说带着问题去学习是"赛博学习法"的重要环节。在这次活动中，我们不仅要对核物理有所了解，也要学会运用科学的学习方法去自学。

参观当天，我们早早地来到了中物院科技馆的门口。尽管天气炎热，但也抵挡不住我们渴望求知的热情。

在科技馆里，我们第一次见到了"真家伙"——原子弹的实物外壳。讲解老师介绍：一颗两米长原子弹的核燃料相当于 33 万辆 5 吨卡车的 TNT 炸药，这些车可以从绵阳排到山海关。可见核武器的威力之大！而氢弹的破坏力更是原子弹的 4~6 倍！有了核武器的加持，我们国家的军事力量才更能保障人民安居乐业，不受外敌侵扰。

在科技馆里，最让我们感慨的是两弹科学家的感人事迹。1959 年，苏联撤走了所有专家，我们依靠自己的力量在 1964 年 10 月 16 日成功爆破了第一颗原子弹，因此，这颗原子弹也叫"争气弹"，意思就是不靠别人的帮助，我们也能研发成功。而成功的背后，是无数默默奉献的科学家，他们隐姓埋名数十年，在条件异常艰苦的情况下扎根山区、戈壁，才换来了我们今天和平幸福的生活。

"氢弹之父"于敏曾说："一个人的名字，早晚是要没有的，能把微薄的力量融进祖国的强盛中，便足以欣慰了。"我们深深地记住了这句话。

离开了科技馆，敏妈妈组织我们在场馆外开展了一场简短的"两弹知识抢答赛"。参观前，我们提出的问题，在比赛中早已不是难题。大家争先恐后发言和讨论，气氛十分热烈。敏妈妈还就参观中的很多内容向我们提问，这都难不倒我们。因为在参观中，我们一边认真听讲，一边还记了笔记，手眼结合的学习效果当然"无敌"啦！

回到家里，我们迫不及待地向家人分享了今天的收获。敏妈妈告诉我们："讲给别人听是巩固新知最好的方法，这也是费曼学习法的核心。"所以，我们当然不能错过这么好的机会啦！

通过活动，我们每个人都受益匪浅。借用一位同学说的话，"我们要从小学习科学知识，学习科学家们的敬业精神，长大后才能为国家的科学事业贡献自己的力量"！

家长小贴士：

充分利用身边的教育资源，带着孩子们深入了解家乡，激发奋进精神和报国情怀，更能促进孩子们"早立志，立大志"。

学习新知的过程不仅在课堂中，还可以通过课前自学、提出问题、带着问题听讲、及时复习巩固、教给别人等方式学习，这就构成了有效学习的闭环。在这次活动中，孩子们不仅收获了知识，更掌握了学习、探究的方法，可谓一举两得。

（三）做非遗小传人

暑假里，为了感受中华优秀传统文化的魅力，认识非遗保护的重要意义，我们一起来到了北川新县城，跟着非遗代表性传承人王老师一起领略羌族草编的艺术魅力。

通过王老师的讲解，我们知道了羌族有着自己独特的生活习惯和民族文化，其中，羌族草编作为羌族人民的一门手工技艺源远流长，世代相传。古时候羌族人生活在大山深处，他们常常脚穿草鞋，腿绑藤条，身披蓑衣，头戴斗笠。这些衣饰都是最早的草编制品。

羌族草编的原料可以算是"变废为宝"的典型。通常采用的材料主要包括：棕榈叶、席草、蓑草、棕、玉米皮以及竹、麻、藤条等。采用的工具主要包括：腰盘、擀棒、剪刀、穿针、烙铁、钩针、胶枪、刻刀等。

一根草，一根竹丝，在老师的手中转瞬间就成了一件艺术品，蜻蜓、龙、灯笼，甚至蓑衣、斗笠，以及日常使用的各种筐、篮等都能用草和竹子编制而成，栩栩如生，惟妙惟肖。

这就是四川非遗——北川羌族草编。据说，它的历史可以追溯到大禹时期。

接下来到了我们亲自动手制作的环节，老师说，选好材料是第一步，编织是第二步。因为材料容易折损，因此在编织过程中，最考验人的就是眼力、对造型的把握，以及耐心和细心。

非遗除了草编还有什么？带着这个问题，我们一起走进了书店，在书籍的海洋里去寻找……通过亲子阅读，我们了解了更多的非遗项目，如羌绣、口弦、庙会、舞龙、剪纸、石刻、玉雕、面塑、酥饼……

大家选择了自己喜欢的非遗项目来设计活动方案，积极地讨论，大胆地质疑，共同总结梳理，让大家的思维碰撞出了不一样的火花。

非遗是一个民族传承至今的优秀传统文化，是深植于地域文化土壤中的文化根脉，我们在家长的陪同下，看非遗，学非遗，做非遗，传承非遗，深刻地感受到了非遗的独特魅力，从而了解非遗传承延续的重要性。

家长小贴士：

儿童自身的主动性是其获得社会经验的重要前提，以非遗文化为主题的亲子实践活动，全面调动了儿童的眼、耳、口、心、手、足，让他们更深入地了解、学习、体验、感受到了这些文化财富，让他们更充分地浸润于传统文化的魅力之中，学会感知美、理解美、创造美，成为文化的传承者。

家长和孩子共同参与、相互合作、传承非遗，不仅可以增进彼此间的感情交流，还能让孩子在爱的陪伴中，感受"爱的教育"。让我们和孩子共享童年的美好时光吧！

实践活动案例

四年级
职业启蒙：未来角色初体验

（一）野外生存挑战

我们远离城市的喧嚣，开启了第一次野外生存之旅，这也是一次成长之旅。在爸爸妈妈的帮助下，我们备好了对讲机、防蚊水、手电筒、帐篷……怀着激动而又紧张的心情出发了。

如何搭好一顶帐篷？我们要先选择一个合适的露营场地。但是，由于是第一次搭建，我们都无从下手。如何穿杆、撑杆才能固定帐篷呢？我们尝试了很多次，都失败了。看见大家垂头丧气的样子，何爸爸说："孩子们，别灰心，试着把里面的杆子一段一段地连接好后，再穿过帐篷……"这个办法果然好，我们一会儿就搭好了一顶顶帐篷。

另一边，负责野炊的小伙伴们，也忙得不亦乐乎。在李爸爸的带领下，大家就地取材，捡到了满满一堆柴火。尽管累得大汗淋漓，但大家也愿意积极动手，努力为团队作出贡献。

在蓝天白云下，在秀美的山水间，我们惬意地倾听着潺潺流水，燃起熊熊的篝火，做着香喷喷的饭菜，听着美妙的琴声，感受大自然的独特魅力。

家长小贴士:

成长的过程中充满未知和艰辛,让孩子们亲近大自然,感受它魅力的同时,培养动手动脑、独立生活的能力,加强伙伴间的合作。家长一定要信任和鼓励孩子,积极引导,给孩子实践的机会,高质量地陪伴,让孩子一步一个脚印,努力向前。

(二) 采摘辣椒

"一丝一缕,当思来之不易;一粥一饭,恒念物力维艰。"如何深刻体会其中的道理?爸爸妈妈让我们参与其中,感受丰收时的艰辛和喜悦,体会食物的来之不易。

眼下的田园深处,正是辣椒成熟的好时节,一串串火红的辣椒挂满枝头。我们走出课堂,走进北川田间地头,化身"劳动小达人"。

这里是辣椒种植基地,辣椒树有一米多高,我还是第一次见这么高的辣椒树呢!我们提着塑料桶、口袋来到了辣椒地里。看着这么多的辣椒,我们迫不及待地伸手去摘,抓住辣椒就用力扯,一不小心,辣椒茎断了……老板不得不让我们停止摘辣椒,这时,爸爸妈妈们走过来笑着说:"生活没那么容易吧!先看看大人怎么摘的吧!"只见安妈妈捏住一个小辣椒的蒂往反方向一掰,小辣椒就乖乖地掉下来了。我们学着安妈妈的样子,两人一组,分工合作,不一会儿就摘了满满几大桶辣椒。

辣椒不但可做成美味可口的菜,在这里还能卖钱呢!我们共摘了 22 斤辣椒,换了 22 元!这可是我们第一次通过劳动换来的收入,对我们来说,这就是最珍贵的财富!

这次实践,既让我们体验了劳动的艰辛,又让我们收获了劳动创造价值的乐趣,还让我们明白了一食一物的来之不易。相信在以后的生活中,我们一定会更加珍惜粮食。

家长小贴士:

劳动实践让孩子们亲自参与其中,在劳动中学习成长,充实了自我,感受到了丰收的喜悦,在劳动中学会了勤俭,体会到粮食的来之不易,要珍惜现在的幸福生活！同时实践也增强了孩子们的团队合作能力。

（三）小小图书管理员

爱护图书是一种文明行为，也是一种良好的阅读习惯。今天我们又化身"小小护书员"，和爸爸妈妈来到图书馆。

看着琳琅满目的图书，大家异常兴奋。图书管理员问："小朋友们，你们知道图书应该怎么护理吗？"小蒲说："就是看书前要保持自己的小手干净，不弄脏书。"小王说："看完之后把书整理放好。"我说："看书时要小心，不要让书角卷起来……"小朋友们争先恐后地回答着。图书馆管理员温和地说："大家的回答都很不错，但大家有体验过整理这偌大的图书馆吗？"此时大家相视而笑，都摇了摇头。

接下来，我们和爸爸妈妈一起开启了图书管理员体验模式。大家都兴致勃勃地"工作着"。1小时后，小王最先开始躁动起来："好累啊，今天拿的书比我过去10年拿的还多。"小蒲也不耐烦地说："这么久才整理了三分之一，还需要多久啊？"看着大家打起了退堂鼓，图书管理员小姐姐走过来轻声说道："小朋友们是不是累了？大家想一想，我们管理员们天天都会从早整理到晚，有的书籍被乱放，有的书籍被弄脏，甚至有的书籍因破损还会直接下架……如果看书的人都能好好地爱护书籍，那书籍就能被更有效地重复利用，这样是不是节约了资源呢？"大家陷入了沉思。

今天我们了解了图书管理员工作的基本职责和如何清点书籍、书籍分类、摆放书籍等。大家明白了护理图书不是一个人的事，需要大家齐心协力地坚持。

在活动中，大家对图书馆产生了浓厚的兴趣，知道了保护书籍的重要性，也明白了知识的珍贵和学习的必要。

家长小贴士：

担任小小护书员，让孩子们认识书籍、了解书籍，并在护书的过程中明白了管理员的责任，感受他们工作的辛苦，学会了尊重别人的劳动成果！

第三节 逐梦童年 融入社会

高段突出"有创意",意在促进学生主动发展。让学生以开放的心态、开阔的眼界实现生活、学习、运动的全面整合,拓宽视野,了解历史,了解世界。

实践活动案例

五年级
薪火相传:文化创变挑战赛

(一)川剧文化体验

川剧与京剧有什么区别?川剧的"生末净旦丑"有什么特点?今天,我们来到了川剧院。

观看演出前,川剧团团长为我们讲解了川剧基础知识。随后,一出川剧经典剧目《王婆骂鸡》以其幽默滑稽的表演风格引得同学们捧腹大笑。接着,两位川剧演员的绝活表演《变脸吐火》让同学们鼓掌叫绝。

"有趣,好玩!""有穿越的感觉!""真是台上一分钟,台下十年功呀!"我们一边看,一边发出自己的感叹。

我们开始上彩妆、穿戏服、扮角啦!只见小陈同学,扮上花旦,一改平时生龙活虎的女汉子风格,在川剧老师的指导下捏着手卷儿,迈着碎步,走着台步,貌似变成了淑女,一番角色体验下来,我们都深感川剧表演非一朝一夕之功可成。

"让川剧艺术走进校园,让娃娃走进川剧团,普及川剧基础知识,传承川剧文化,这也是我们川剧演员的一种社会责任。"川剧团团长向随行的同学和家长介绍道,"春节期间,这里每天都有几场川剧表演,越来越多的小朋友、年轻人成为剧院的观众甚至票友。"

家长小贴士：

让单纯的川剧表演变成近距离体味式社会实践活动，不但增强了川剧的艺术魅力，对孩子们更是一种潜移默化的艺术熏陶。

（二）走进实验室，播撒科学的种子

今天，我们来到了盼望已久的师范学院生命科学与技术学院生物实验室，开展"走进实验室，播撒科学的种子"假期实践活动。

我们首先来到了生物标本馆，在大学生讲解员小昊哥哥的带领下，看到了多种多样的动物和植物标本，了解了它们的生活习性和生长环境等。

听小昊哥哥说，制作生物标本有很多种方法。比如制作昆虫标本用"针插法"，制作小型动物标本用"浸制法"，制作植物标本用"压干法"等，做标本时还可以模拟生物的形态进行"展翅"或"展肢"，使标本更加活灵活现，真是有趣极了！

我们一边兴致勃勃地观察，一边向老师和小昊哥哥提出"千奇百怪"的问题，同时时不时地记录着这些感兴趣的问题。我们跟小昊哥哥的讨论越来越热烈，脑袋里仅有的一点生物学知识被瞬间唤醒。宛如往平静的水面上丢了一颗石子，问题便像水纹一样一波一波地袭来……

你看！大家围着小昊哥哥问个不停，对奇妙的生物世界充满了各种幻想！当得知这些标本都是师范学院的老师们和大学生哥哥、姐姐们每年去野外采集并亲手制作的，大家既赞叹不已，又十分惊奇，甚至跃跃欲试地想动手制作！

动手制作的机会来了！在教室里，我们从显微镜里看到了放大的昆虫触角的结构，觉得真是太神奇了！大学生小兰姐姐教我们怎样使用显微镜，怎样制作简单的徒手装片。

瞧！大家认真地按照"擦拭玻片-滴清水-撕取洋葱表皮-放在清水中铺平-加盖玻片"的步骤，小心翼翼地制作着，连呼吸都快要屏住了，多么用心啊！这可是很多同学第一次用解剖针和镊子做装片呢，看到自己做的植物细胞装片，别提有多高兴啦！

同学们在显微镜中看到了微观世界，原来这小小洋葱皮里竟有裸眼看不到的精巧结构！

之后，我们又来到生态安全与保护重点实验室。在这里，"人与自然"社团的姐姐们教会了我们怎样制作叶脉书签。原来，叶脉书签制作时，先要选好叶片，用碱水煮一煮，再用牙刷刷去叶肉部分，剩余的叶脉部分经过干燥处理后，再过塑，漂亮的叶脉书签就制作好啦！

今天，我们走进大学校园，走进生物实验室，操作了显微镜，学到了丰富多彩的生物学知识。这次经历在我们的心中留下了深刻的印象，播下了一颗"科学的种子"，这颗种子已经在我们的心里萌发，就像人生路上的一座灯塔，照亮了我们前进的方向。我们将用知识的"沃土"让它生根发芽，茁壮成长！

家长小贴士：

在参观生物标本的过程中，师范学院大学生讲解员耐心讲解，小朋友们听得津津有味，有时他们提出的问题连讲解员也没有办法回答，足见孩子们的好奇心。讲解员大哥哥不仅讲解各种生物标本的名称、种属和特性，还巧妙地引导孩子们保护环境；大姐姐不仅讲解标本的制作方法，还讲了制作一件标本的艰辛，使孩子们对严谨、追求卓越的科学精神肃然起敬。

孩子们第一次学习使用显微镜，第一次在显微镜下观察到了平时看不见的小动物的触角、洋葱表皮细胞组织结构，对科学产生了向往之情。

（三）家乡水质调查

水是生命的源泉，与我们的生活息息相关。在教材中，水的相关知识贯穿各门学科：《道德与法治》二年级上册有"小水滴的诉说"；《科学》三年级下册中有水的测量、温度与水的变化；《语文》三年级下册"我做了一个小实验"，《语文》四年级上册有语文综合实践活动"我与环境"，《数学》四年级上册有认识统计图、设计统计图的知识等等。

有共同兴趣爱好的同学组成了小队，围绕"水资源保护"开展了探究活动。调查前的头脑风暴，我们畅谈了自己参加活动的目的：了解水的结构，水的知识；污水的危害，水污染的原因……在水污染调查实施过程中，从街头巷尾到居民小区，从商场到写字楼都有我们忙碌的身影。我们发放调查问卷，分别在住家附近进行水质取样，联系社区实验室做水样酸碱度的检验，对河水、自来水和净化水、矿泉水进行水质比对并得出结论。

为了在实践中体验保护水资源的意义，我们在集思广益、充分交流的基础上，准备亲手动手制作一个净水装置。

哪些材料有净化作用？不同的材料组合是否净化作用不同？同学们兴致勃勃地选择实验材料、画设计图，小心翼翼地利用沙子、石子、活性炭三种材料组装净水装置，认真开展对比实验，学习单上同学详细地记录下了自己的实验过程。在亲自动手尝试的过程中，同学们勇于试错、不断思考。经过反复实验，干净的水从自制过滤器中流出，实验室里响起了我们抑制不住的欢呼声，我们的笑容里满是成就感。

水是生命之源，我们每天都要使用，产生的废水流到哪里去了？污水要经过多少个环节处理，才能排放到河里？

为解开这些疑问，在家长的鼓励支持下，我们深入到污水处理厂实地考察污水处理流程，先后参观了污水收集、生化处理、泥水分离、消毒过滤等环节，亲身感受污水处理的全过程，亲眼见证污水变清水的"神奇魔法"。

为进一步增强市民的环保意识，提高大家对水质的关注度，我们还制作了节水宣传单、护水海报，走上街头、走进社区，进行了节水、护水的宣讲，呼吁大家节约用水、关注环境、保护环境。

家长小贴士：

从孩子们萌生水质调查的想法，到水质取样、制作净水装置、参观污水处理厂、进行保护环境的宣传，家、校、社多方资源互融，孩子们像发明家一样发现生活中的真问题，像设计师一样制定规则，像研究员一样查阅资料，像科学家一样开展对比试验、探索研究，完成了对核心知识的再建构和思维迁移。同时，这次实践活动既锻炼个人能力，又培养团结协作精神；既增强了环保意识，也增强了主人翁意识。

实践活动案例

六年级
破茧赋能：社会课堂筑梦行

（一）少年法治行

寒假时，我们开展了"少年法治行"假期实践活动。

我们到了活动地点，"预防未成年人犯罪教育基地"的大字便展现在眼前。

基地内的少年法庭告诫大家：勿以恶小而为之，勿以善小而不为！自身若犯罪亲人两行泪！我们现场体验少年法庭的各种角色，但犯罪嫌疑人的位置却始终没人愿意去坐！

涂鸦宣泄屋是基地为参观者提供的一个情绪宣泄通道。参观者可以将自己的喜怒哀乐全部丢进颜料里，在屋中涂鸦，画完后就可以心情轻松地走出去……

禁毒宣传专栏，让我们感到新奇，但更多的是对毒品危害的敬畏和对如何识毒、拒毒的深刻认识。珍惜生命，远离毒品！大家纷纷表示：要热爱生活、做守法少年！

鸟笼世界的设计，寓意可以把自己的缺点和陋习关进笼子，以便成为更优秀的人……于是乎，大家争先恐后地趴在墙上、地上，把自己有的缺点和陋习都甩给了五色的彩纸团，纸团扔进笼子里。我们感觉世界将变得更加美好。

小杨、小张、小勾、小寇四位同学创作和表演的《包公断案》小品，法理相融、情趣相依，让大家身临其境感受法庭的庄严和肃静。这不仅是一场体验，更是一次心灵的洗礼。他们将原本单调的法治教育表演得生动、有趣。审判长是包青天，犯罪的花季女孩苦苦哀求自己冤枉，为自己辩护为什么会走到这一步……精彩的演绎、真情的告白，真实地反映出孩子的健康成长离不开温馨的家庭、团结的校园、和谐的社会。

离开基地，我们又来到人民法院，走进护法一线，感知守法、用法的重要性，深刻体悟党纪国法是不可逾越的雷池，是不能触碰的法律高压线。

法院向导姐姐邀请两位小朋友体验安检，我们都把手举得老高，唯恐进不去。我们来到立案大厅，向导姐姐给我们讲解了案件立案流程。接着，我们来到审判大厅。为了让我们了解审判长、法官、公诉人、书记员、律师等人的工作职责，以及法袍、法槌、审判席、国徽的象征意义，法官叔叔穿法袍、戴国徽、抢法槌，给我们一一作了讲解和示范。我们又坐上审判长的席位，体验当审判长。我们观看庭审纪录片，意识到千万不要违法呀！最后，法院院长亲临现场和我们倾心交流。我们通过参加这次活动，决心扔掉陋习，成就全新的自我。

家长小贴士：

此次"少年法治行"活动，丰富了孩子们的假期生活，增进了同学间的友谊，拓宽了家长与老师、家长与家长的沟通渠道，举之有益，行之有效！

（二）探寻成都特色小吃

今天，我们几个家庭的 7 个"吃货"相约来到成都，此行的目的是：大人和孩子一起探寻成都小吃的由来，品尝小吃味道，记录体验美好感受。

感受成都小吃的魅力，首选宽窄巷子。刚走进窄巷子，看到黑压压的全是人，一眼望不到头。所幸右进左出，依旧秩序井然。

只听见一阵吆喝："老妈兔头，特有川味，既麻又辣，走过路过不要错过！"乍一听，这种美食就让人心驰神往。于是我们饶有趣味地进去尝尝鲜，果不其然，一股香味直冲鼻子，顿觉食欲大增。一口咬下去，辣得恰到好处，正合我们口味。

兔头的香味还在口中回旋，第二道美食就在"咚咚咚"的大鼓声中闪亮登场了。只见三个大字"三大炮"，是什么名堂啊？厨师把三个"球"扔到空中，"球"从两米多高掉下来，居然又稳稳地落到厨师手中。厨师信手将"球"往案板一掷，那些"球"倒也乖巧，伴着"咚咚咚"的鼓声，打几个滚儿，便蹦进案板前烤着火的大盆子里。等到"球"在沸水里翻腾起来，这"三大炮"就算制作完成了。我们满怀好奇，买了一盒来尝。哇！真好吃呀！

一口咬下去，糯在齿间，甜在口中。

　　早就听说钟水饺很有名，我们刚一落座，一碗热气腾腾的钟水饺便上桌了，颜色如银子般纯白，隐隐约约还可以看到肉馅的颜色，一勺酱油点缀在饺子上，几粒葱花均匀撒在两旁，芝麻聚成一团集在顶端。空气中到处弥漫着饺子发出的股股热气，迎面扑来的香味让人垂涎欲滴。轻轻咬一口，饺子皮的香嫩、馅的鲜美和浓浓的汤汁顿时充满了我的口腔，满足了我的味蕾。只见小孔用筷子串起一个饱满的饺子，将四周裹上酱汁，一下子塞入口中，一边吃，还口齿不清地说道："嗯，这个好吃！"小怡听了，赶紧夹起一个和着汤汁："哎呀，烫！"急忙在嘴里哈气，手却很"诚实"地又夹了一个。小然看我们吃得这么香，急了："你们还吃吗？不吃我就全倒碗里了！"说着，就要往碗里倒，我们三个赶紧夹住。"好了，小然，剩下的全归你！"乍一看，这饺子碗里，哪里还有什么饺子！我们全都大笑起来，小然只好去小洋、小瀚那一桌"劫持"了几个饺子，才能弥补"心中之痛"。

　　夫妻肺片、龙抄手、担担面、钟水饺……一行人吃得肚皮圆滚滚的。

　　就在这时，"中华老字号""赖汤圆"几个大字又映入眼帘。据说赖汤圆迄今已有百年历史。老板赖元鑫自1894年起就在成都沿街卖汤圆，他制作的汤圆煮时不烂皮、不露馅、不浑汤，吃时不粘筷、不粘牙、不腻口，滋润香甜，爽滑软糯，慢慢成为成都最负盛名的小吃。美食当前，怎能错过！于是，我们鱼贯而入，一定要品一品这闻名遐迩的百年老字号。

　　一碗热气腾腾的汤圆端上桌来，心中一亮敞，食欲顿生。但见一个个雪白的汤圆圆润晶莹，一副"软萌糯"的讨喜模样，透过它们洁白的外衣，似乎可以瞧见里面香甜的馅儿。我轻轻咬破汤圆绵糯的皮儿，一股香甜的味儿飘溢而出，黑油油的芝麻馅儿随即缓缓淌出，此时嘴里已尝到丝丝甜香。我再一口把汤圆吞下，顿时香甜占据了我的味蕾，雪白的汤圆皮似乎一点也不粘牙，滑溜溜的，唇齿之间满是黑芝麻的浓浓香甜……

　　"这么香甜美味的汤圆，我可是第一次吃到啊！继续，继续！要不然汤圆就被其他小朋友吃完了！"我从闭目回味之间陡然回神，再看看我的队友们，一个个正在埋头饕餮之中，小如嘴里一边呷巴，一边一个劲儿往碗里拨汤圆，小贤和小怡正在大快朵颐……眼看碗里一个汤圆也没有了！一碗汤圆下肚，我觉得心里甜滋滋的。成都赖汤圆真是名不虚传，建议你们一定要去尝一尝。

从宽窄巷子出来，我只想感叹：人的潜力是无限的，肚子的存储量却是有限的。

家长小贴士：

成都，一座熟悉而陌生的城市。从孩子开始上学起，白话文、古诗词和文言文中都少不了成都的身影。这次探寻成都特色小吃之行，不仅让孩子们品尝了美味成都的特色小吃，见识到了蓉城的真实面貌，更加深了他们对成都文化和历史的了解，真是不虚此行。

（三）智慧生活　感动你我

今天，天阴沉沉的，我们心里却喜气洋洋，因为我们开启了"智慧生活　感动你我"假期实践活动。

第一站我们来到了创新创业服务中心，听到了一个新词——孵化器，大家都以为是孵小鸡的东西！和蔼可亲的工作人员解释道：孵化器不是真的孵化小鸡，而是像孵化小鸡一样去帮助创新创业者成长，就好比学校里，创业导师们给学生提供知识和帮助，让他们的企业发展壮大，这就是孵化。似懂非懂的我们都露出了惊讶的表情！

人工智能专家做了专题讲解，不仅解释了什么是人工智能，以及人工智能的发展前景，还让我们找到了日常生活中所接触到、运用到的人工智能家居产品，既开阔了我们的视野，也唤起了我们的求知欲和探知欲。

专家也对我们提出了要求和期许：人工智能时代已经来临，科技强大了，祖国才会更强大！作为新时代的接班人，我们一定要"好好学习，天天向上"，为祖国的繁荣昌盛添砖加瓦！

听了专家的讲解后，我们又欣赏了一段智能机器人带来的精彩舞蹈！在这个过程中，我们有惊讶，有新奇，有欢笑，有不解，但更多的是骄傲，为我国人工智能的飞速发展而骄傲！

第二站是科技智能公司，在这里我们进一步了解人工智能家居！

人工智能专家的讲解和演示，让我们兴奋不已！虽说日常生活中也接触过些许人工智能，但当真正的智能家居摆在眼前时，一切还是那么新奇，如智能安防、智慧灯光、激光电视、智能场景等。每一个概念的讲解，每一个动作的解释，都会引起我们阵阵欢呼、啧啧称赞！

快乐的时光总是短暂的，认真的求知时光也是飞速的，人工智能体验活动即将结束，但我们对知识的追求永无止境！今天的学习为我们的未来开了一扇门，为我们的努力开启了一个新的方向！

家长小贴士：

人工智能如何真切地改变了我们的生活。专家的讲解深入浅出，从我们身边的人工智能案例，谈到什么是人工智能，由感性到理性，又由理性到感性，告诉同学们将来想要学习人工智能，就要学好相关学科。最后上升到我国的人工智能发展现状，激发了学生的爱国热情，层层递进，让学生在兴奋、新奇的玩耍体验中不仅学到了知识、增长了见闻，还激发了斗志。

夏天的太阳流光溢彩，生动的画面，比书上还要好看。冬天的雪花晶莹洁白，孩子绽开的笑脸，比阳光还要灿烂。让孩子们自然地呼吸，自在地成长，是我们共同的心愿，让我们与学生的脉搏一起律动，让教育的美好时时发生。